ELOGIO DE LA DUDA

© del texto: Victoria Camps Cervera, 2016
© de esta edición: Arpa & Alfil Editores, S. L.

Primera edición: mayo de 2016
Quinta edición: julio de 2019

ISBN: 978-84-16601-10-3
Depósito legal: B 5220-2016

Diseño de colección: Enric Jardí
Maquetación: Àngel Daniel
Impresión y encuadernación: Romanyà Valls
Impreso en La Torre de Claramunt

arpa
Manila, 65
08034 Barcelona
arpaeditores.com

Reservados todos los derechos.
Ninguna parte de esta publicación
puede ser reproducida, almacenada o transmitida
por ningún medio sin permiso del editor.

Victoria Camps

**ELOGIO DE LA DUDA**

arpa

*When we are not sure, we are alive*
GRAHAM GREENE

*Creient saber, la ignorància es desperta*
*Només a qui és foll tota cosa li és certa*
AUSIÀS MARCH

*Quien piensa, no quiere ser persuadido,*
*sino convencido; y quien piensa*
*sistemáticamente, es doblemente*
*difícil de convencer*
VICTOR KLEMPERER

*Gran parte de las dificultades por las*
*que atraviesa el mundo se debe a que*
*los ignorantes están completamente*
*seguros y los inteligentes llenos de dudas*
BERTRAND RUSSELL

# ÍNDICE

PRÓLOGO                                9

1. APOLOGÍA DE ISMENE                 17

2. EL ASNO DE BURIDÁN                 33

3. MODERÉMONOS                        53

4. LA BÚSQUEDA DE LA VERDAD           71

5. LOS DOGMAS DE LA TRIBU             87

6. DEJAR DE PENSAR                   103

7. DETERMINISMOS IDENTITARIOS        115

8. EL GUSTO POR LOS MATICES          129

9. LA FILOSOFÍA COMO FICCIÓN         147

10. EL DECLIVE DEL ENSAYO            163

# PRÓLOGO

Vivimos en tiempos de extremismos, antagonismos y confrontaciones. A todos los niveles y en todos los ámbitos, pero sobre todo en el político. Una actitud que potencian a su gusto los escenarios mediáticos y que sube de tono gracias a la facilidad con que las redes sociales brindan la ocasión de apretar el gatillo contra cualquiera cuyo comportamiento o mera presencia incomoda. Cordura, sensatez, moderación, reflexión, son conceptos que se esgrimen de vez en cuando y apelan a una forma de vivir juntos más tranquila que la de estarse peleando por cualquier cosa, pero ser moderado carece de atractivo y no sirve para redactar titulares. En un clima como este, la duda ante lo que desconcierta y extraña, en lugar del exabrupto inmediato, sería una forma de reaccionar más saludable para todos. Tomarse un tiempo, pensarlo dos veces, dejar pasar unos días, antes de dar respuestas airadas.

John Carlin aludía a la cuestión en uno de sus artículos: «Me alegro de haber decidido tomarme unas vacaciones de Twitter a principios de mes. Me salvé de caer en la tentación de ventilar mis reacciones a tres noticias: la del concejal madrileño de Podemos y su chiste sobre los judíos; la del Nobel inglés de la ciencia verborreando sobre las debilidades biológicas de las mujeres; la de la activista estadounidense blanca que se decía negra.» ("La turba tuitera", *El País*, 2014). No hace falta decir que las noticias en cuestión perdieron interés con la misma rapidez con que se habían convertido en el tema más discutido durante unos cuantos días. Interés real no lo merecían ninguno de ellas, pero las redes sociales echaban humo y había que hacerse eco de las reacciones en toda la cadena mediática, más o menos seria.

Con estos mimbres, es lógico que no consigamos hacer nada de lo que decimos que habría que hacer: diálogo, buenas maneras, escuchar al otro, paciencia y razonamiento. Anteponer la duda a la reacción visceral. Es lo que trato de defender en este libro: la actitud dubitativa, no como parálisis de la acción, que también puede llegar a serlo, sino como ejercicio de reflexión, de ponderar los pros y los contras cuando las vísceras están a flor de piel. Uno de los valores que quiso transmitir el movimiento de los indignados, hace cuatro años, fue el tono amable y nada ruidoso de unas personas que se reunían y manifestaban para quejarse de casi todo y mostrar su aversión al modo de proceder de los poderosos. En Cataluña, los independentistas se enorgullecen de que una reivindicación tan extrema como la de la secesión se traduzca en manifestaciones de tono lúdico, donde todos ríen y se agarran de las manos en un gesto de cordialidad. La cordialidad es elogiada cuando se muestra, pero es la excepción, no la norma, por eso sorprende. Dan fe de ello las tertulias televisivas, los tuits, las campañas electorales, las sesiones de los parlamentos y las declaraciones mediáticas de unos y otros. Al periodismo le gusta atizar la confrontación porque una información que no produce enfrentamiento no llama la atención. Los movimientos de los indignados, en principio tranquilos, han dado lugar a organizaciones y compromisos políticos que no eluden el extremismo, de derechas o de izquierdas. Francia, el Reino Unido, Holanda, Dinamarca, países referenciales por su ancestral apertura y tolerancia, se ven impotentes ante las adhesiones que concitan los partidos racistas que han ido apareciendo en la arena política. Y, sin llegar a extremos racistas, hay derivas populistas en Grecia, en Italia, en España, en Estados Unidos. El populismo viene a ser la manera actual de caer en la demagogia, lo que para los clásicos griegos era el signo evidente del deterioro de la democracia.

Creo que fue Bertrand Russell quien dijo que la filosofía es siempre un ejercicio de escepticismo. Aprender a dudar implica distanciarse de lo dado y poner en cuestión los tópicos y prejuicios, cuestionarse lo que se ofrece como incuestionable. No para rechazarlo sin más, pues eso vuelve a ser confrontación. Sino para examinarlo, analizarlo, razonarlo y decidir qué hacer con ello. Debería ser la actitud que acompañara al uso de la libertad, pues, como dijo mejor que nadie John Stuart Mill, no es libre el que se limita a sumarse a la corriente mayoritaria, sino el que examina antes si es una corriente interesante. La tiranía de la mayoría, según Alexis de Tocqueville, es uno de los peligros de la democracia, una amenaza a esa libertad individual que defendemos con tanta vehemencia frente a las «mordazas» que tratan de imponer los poderes públicos.

El pensamiento es dicotómico: nos movemos entre el bien y el mal, lo legal y lo ilegal, lo bello y lo feo, lo propio y lo ajeno. Las dicotomías sin matices son abstracciones, formas burdas de clasificar la realidad, inútiles y simplificadoras para examinar lo complejo. Es más fácil situarse en el sí o el no porque para hacerlo no hace falta dar argumentos. O soy independentista o soy unionista. De derechas o de izquierdas. Acepto o no acepto a los refugiados. Los matices suponen demasiado esfuerzo. La duda inquieta y es aguafiestas. Es como la pepita que escupo al morder una manzana, un estorbo para seguir mordiendo con tranquilidad.

En los escritos de los filósofos abundan las actitudes dubitativas y escépticas. Montaigne es el gran maestro en el tema, pero no es el único. Montaigne se nutre del escepticismo de los filósofos griegos. Vive en un siglo de cambio, que propicia la duda porque la época es desconcertante. Por eso no escribe grandes teorías, sino «ensayos», su visión particular de realidades que chocan con la nuestra y, al considerarlas y no rechazarlas sin más, siempre tienen la virtud de enseñar algo. Realidades prosaicas, no hace falta que sean trascendentes, para llamar la atención sobre algo que importa. El siglo XVI alumbra esta forma de pensar. En España, Francisco Sánchez se une al movimiento escéptico del que da cuenta en su obra más conocida, *Quod nihil scitur*. Ese punto de vista escéptico y dubitativo contribuirá a la gestación del individualismo moderno. Se cuestiona, por una parte, la autoridad religiosa para dar valor al juicio individual, lo que había llevado a Lutero a separarse de la iglesia católica. Se descubre América y lo que ha venido en llamarse la «diversidad cultural». Paradójicamente, la afirmación del individuo como la perspectiva desde la que hay que pensar y razonar nace con el descubrimiento de un otro extraño, cuyas costumbres chocan y parecen irracionales. Montesquieu lo dirá claro con una sola pregunta: «¿Cómo se puede ser persa?».

Aprender a dudar es asumir la fragilidad y la contingencia de la condición humana que no nos hace autosuficientes. Por eso se inventó la democracia como la mejor forma de gobierno, porque obliga a contrastar opiniones y a escuchar al otro. Pero la necesidad de los otros no ha de impedir la afirmación de la propia individualidad, la madurez que consiste en ser autónomo y pensar por uno mismo y en no buscar para cualquier propósito el cobijo y la seguridad que proporciona el grupo. La libertad individual ha sido uno de los grandes logros de la modernidad. Saber utilizarla de forma que no vaya en detrimento de la vida en común y atreverse a utilizarla para ir a contracorriente es el cometido de la ética. Una ética que aspire a ser global tiene que apoyarse en la moderación como virtud básica, porque el saber es limitado y nadie tiene la razón en exclusiva.

Con la duda como norma ocurre algo similar a lo que ocurre con la tolerancia. Está bien tolerar lo que no nos gusta y nos incomoda, pero no todo es tolerable. Está bien dudar y calibrar las distintas posiciones, pero hasta cierto punto. No podemos dudar de todo ni empezar de cero a cada rato. Existe un núcleo de «verdades» cuya puesta en cuestión significa renunciar a los logros conseguidos por la humanidad a lo largo de los siglos. No todo se ha hecho mal y tiene que ser revisado. Por vacías que parezcan, las grandes palabras nos dan pautas de conducta, fuerzan a razonar y explicar por qué la realidad es éticamente deficiente y no encaja en ellas. Contra los dogmas y los prejuicios, hay que esgrimir los valores ilustrados que pueden ser universales solo porque son abstractos. Para llevarlos a la práctica, hay que interpretarlos, lo que implica introducir una dosis de relativismo, otra forma de dudar. Sólo los fundamentalismos esgrimen valores absolutos, irreconciliables con otros valores igualmente importantes. Lo dijo muy claro Camus: «La justicia absoluta niega la libertad.»

Podría parecer que la actitud dubitativa que propugno tiene como objetivo fundamental poner en cuestión el entusiasmo con que algunos acogen las propuestas de transformación política, social e incluso individual auspiciados por el altermundialismo, las nuevas políticas podemitas, las pulsiones anarquizantes y los movimientos antisistema. Pienso que todas estas tendencias, a menudo descalificadas como populistas, no son sino la consecuencia de haber llegado a un *statu quo*, en el mejor de los casos, mediocre en cuanto a ambiciones de renovación y, en el peor, incongruente con esos principios ilustrados que las constituciones políticas de los Estados de derecho recogen como válidos. Han sido la precipitación, el dejarse arrastrar por las bonanzas económicas, la ausencia de autocontrol y de templanza lo que nos ha puesto ante un mundo en el que no queremos reconocernos. Ese mundo no surgió de la ponderación y el examen sobre lo que se debía hacer para el bien de todos, sino de la desmesura propiciada por mentes atolondradas y no reflexivas. Como hizo notar Josep M. Colomer en *La transición a la democracia: el modelo español*, nuestra transición, que fue moderada y bastante ejemplar, contrasta con una realidad posterior en la que han predominado la concentración de poder, el partidismo, el corporativismo, el clientelismo, las imposiciones unilaterales y la decisiones excluyentes. Ni la moderación ni la prudencia han sido la norma de los últimos decenios, pero tampoco parecen servir de guía de las muchas regeneraciones que ahora se proponen. Si a la evolución de la política, precipitada y poco ponderada, cortoplacista y electoralista, le añadimos las costumbres, el *ethos*, que propician la economía de consumo, nos encontramos con una realidad en la que el factor característico es la complacencia con el *statu quo*, el no cuestionamiento de una manera de vivir que no incita a activar ningún mecanismo que se interrogue sobre el porqué de lo que hacemos.

A lo largo de las páginas que siguen, se comentan y utilizan muchas citas filosóficas. Por deformación profesional, me es difícil escribir sobre cualquier cosa sin echar mano de los filósofos, lo que más he estudiado y enseñado. Más allá de las rutinas del oficio, me gustaría ser capaz de dar cuenta de la utilidad de la filosofía para aprender a dudar y, en definitiva, para aprender a vivir. Acabo de citar a unos filósofos que se propusieron ese ejercicio en sus escritos. Junto a los ya citados, Sócrates, Aristóteles, Descartes, Spinoza, Hume, Nietzsche, Wittgenstein y otros menos conocidos, pero no menos dignos de atención, salpican e iluminan con su pensamiento lo que pretendo decir a lo largo del libro. Poner de manifiesto que la lectura de los clásicos, filósofos o no filósofos, nunca será una inconveniencia ni una pérdida de tiempo. Aunque la cultura en general no es una garantía para vivir mejor ni tener planes de vida más razonables, despreciarla es carecer de armas para enfrentarse a la brutalidad que todos llevamos dentro. La filosofía, la literatura, el arte, la música, tienen la virtualidad de dejarnos perplejos, de sembrar el desconcierto allí donde todo parecía claro, de estimular la curiosidad hacia lo desconocido, de dar valor a las expresiones ajenas. En una palabra, de introducir complejidad en una existencia que, porque es humana, no puede ser simple.

No me hubiera decidido a dar forma a estas páginas para ser publicadas de no ser por el tesón y el estímulo de mi ex alumno y querido amigo, Joaquim Palau, que acaba de estrenar editorial. No son momentos propicios para embarcarse en empresas que anteponen el rendimiento cultural al crematístico y se atreven a recuperar algo tan decadente como el «ensayo de calidad». Mis mejores deseos y mi apoyo, con este ensayo menor, a un proyecto que sólo merece felicitaciones.

Sant Cugat del Vallès, febrero de 2016

# I

# APOLOGÍA DE ISMENE

Una de las figuras más encumbradas por la filosofía y la literatura es la de Antígona, el icono de la desobediencia civil, del antagonismo a quien detenta el poder y dicta el derecho. *Anti-gona*, contra el nacimiento, es nombre de rebelde, de quien no se conforma con lo que viene dado. Al lado de Antígona está su hermana Ismene, un personaje que ha pasado desapercibido, apenas «Pobre miedosa», la llama Antígona cuando Ismene le plantea sus dudas. «*Sóc una simple ombra*», dice el retrato que hace de ella Salvador Espriu: una mujer hundida en el aburrimiento, la desgana y la rutina de un día a día sin horizontes. Antígona es la heroína que sigue sin vacilar los impulsos del corazón. Ismene entiende la injusticia de su tío, Creonte, que prohíbe el entierro de Polinice, quiere hacerse cargo de ella, pero no ve que sea bueno abordarla con el odio y la vehemencia de Antígona.

Reconozco que siempre he sentido simpatía por el personaje discreto y poco brillante que representa Ismene. En la tragedia, son los sentimientos los que hablan, no hay lugar para explicaciones ni para el razonamiento que pronto instaurará la filosofía bajo el paraguas del pensamiento abstracto. Un razonamiento dirigido a mostrar que unas actitudes son mejores que otras, que la verdad está en alguna parte y debe ser reconocida, por la vía de los argumentos, de las palabras, más que de los gestos. Puesto que ése es el objetivo, la filosofía que impone su discurso en el pensamiento occidental no es la de los que se instalan en la duda, como el escéptico Pirrón, ni la de los que desconfían de la capacidad humana para alcanzar la verdad y se mueven en la incertidumbre de la *doxa,* como los sofistas. Por decirlo así, las teorías ganadoras son las de Platón y Aristóteles, esas formas de ver —*theorein*— que buscan materializarse en una serie de certezas. Empieza el dominio del *logos,* razón y lenguaje, esto es, un discurso que da razones a favor de una serie de supuestas verdades que serán los puntales del conocimiento.

Aun así, cuesta no entender lo que ha sido la filosofía a lo largo de los siglos de otra forma que como un ejercicio de escepticismo, como el ejercicio constante de la duda. Tras veinticinco siglos de pensamiento teórico, sabemos que los problemas de la filosofía son irresolubles, que se siguen formulando desde los orígenes con palabras nuevas y distintos propósitos, pero los problemas son los mismos. Y que lo que mantiene viva y despierta a la filosofía es precisamente la capacidad de dudar, de no dar por definitiva ninguna respuesta. Seguimos preguntándonos el porqué de muchas cosas: por qué estamos en el mundo, por qué existe el mundo, qué hemos venido a hacer aquí, qué ocurría antes de que nosotros viniéramos, por qué tenemos que morir, por qué hay tanta desigualdad e injusticia, quién nos ha dotado de conciencia, por qué nos preocupa el dolor de los demás. Sin interrogantes y sin dudas no tendríamos curiosidad por nada, nos limitaríamos a dar lo que hay por bueno como hacen los animales que carecen de conciencia.

La duda es una actitud plenamente humana, de seres limitados y finitos, pero, paradójicamente, no es la actitud más habitual. No es habitual, pese a que hemos escogido una forma de gobierno, la democracia, que se asienta en el diálogo, en el contraste de opiniones, en la convicción de que son muy pocas las ideas que pueden mantenerse contra viento y marea. Y que si hemos llegado a consensuar unas verdades universales es porque son abstractas. Las grandes palabras —justicia, libertad, solidaridad, respeto— suscitan consensos solo teóricos. Cuando hay que descender a los hechos y preguntarse cómo se hacen realidad, empezamos a dudar de que signifiquen algo claro e igualmente convincente para todos. Por otra parte, la gente tiene preferencias diversas y hace falta mucha habilidad para ponerlos de acuerdo sobre lo que conviene más a todos. Los políticos son necesarios, ha escrito Michael Ignatieff, porque «juntan a la gente que quiere cosas distintas en la misma habitación para descifrar lo que comparten y quieren hacer juntos».[1]

Pero hoy la política no está por esta labor. Al contrario, lo que más nos divide es la falta de competencia y de buen hacer de los gobernantes que crean capillas y facciones partidistas, que impiden, en lugar de propiciar,

---

[1] Michael Ignatieff, *Fire and Ashes*, Harvard University Press, Cambridge, 2013.

la construcción de lo que ha de ser el bien común, que se embrollan en debates absurdos sobre cuestiones que tienen poco que ver con las necesidades de las personas. La política y la religión, no tan distanciadas la una de la otra, son las principales causas de la adopción de posiciones extremas, los mayores obstáculos para esos mínimos encuentros que han de lograr que sigamos juntos. Lejos de forzarnos a dudar de muchas cosas, la religión o la política constituyen un impedimento para la discusión razonable y civilizada. La democracia no ha eliminado posiciones ideológicas que se aferran a prejuicios y principios simples, como lo son los nacionalismos, el odio al inmigrante, la defensa absoluta de la vida sean cuales sean las circunstancias en que hay que vivirla. Son principios que se asientan en la fe en unas verdades inmutables, en interpretaciones unívocas de la historia, en principios que no son sino sucedáneos de un dios que ordena y dicta cómo deben ser las cosas. Max Weber llamó «abyecta» a lo que a su juicio era «la manía clerical de querer tener razón».

Cuando Lutero tradujo por primera vez la Biblia a una lengua vernácula, suscitó el rechazo de la iglesia católica, que se reservaba el monopolio exclusivo de la interpretación de la palabra divina. A propósito de las traducciones de la Biblia, elogiaba Jordi Llovet la que hizo Sébastien Castellion en el siglo XVI. Castellion, o Castelio, se hizo célebre por su controversia con Calvino a raíz del martirio al que fue sometido Miguel Servet por confesar que no creía en el dogma de la Trinidad. Fue Castelio quien, en aquella ocasión, dijo la frase famosa: «Matar a un hombre no es defender una doctrina, es matar a un hombre.» Pues bien, al traducir la Biblia al francés, el humanista tildado de hereje optó por una versión que adaptara las expresiones bíblicas a la realidad de su tiempo. No traducir «En el principio, Dios creó el cielo y la tierra», sino «Cuando Dios empezó a crear el cielo y la tierra», pues era absurdo presuponer un principio cuando en Dios no hay principio ni fin. No referirse a la madre del Mesías como «virgen», sino como «jovencita» (*pucelle*, en el francés del autor). Para traducir hay que ser muy humilde, creo que confesaba José María Valverde. Pues, en efecto, traducir es trasladar un texto a otra lengua y a otro contexto, nada que pueda hacerse automáticamente como pretenden ahora las técnicas de traducción. Traducir exige reflexión y, por lo tanto, duda. La duda es lo que nos constituye, es el motor del cambio en todos los ámbitos. Las doctrinas y las adhesiones a la letra de los textos, por el contrario, son el antídoto de la duda, ni la toleran ni caben en ellas.

Pero las doctrinas y las profesiones de fe, las fórmulas y las recetas que ofrecen soluciones, son atractivas porque dan seguridad a quien se adhiere a ellas. Evitan tener que pensar. Por eso las opiniones se han ido estructurando sobre la base de dicotomías: femenino-masculino, sí-no, negro-blanco, perder-ganar, me gusta-no me gusta, mente-cuerpo, independentismo-unionismo, izquierda-derecha. La lista podría ser interminable. Los términos medios y los matices quedan excluidos. Lo que no encaja en uno de los extremos no merece consideración. Pensar desde lo indeterminado, que no tiene contornos precisos, es más complicado que dar un nombre fijo y determinado a cada cosa. La posmodernidad de Lyotard definía así los nuevos tiempos: se acabaron las certezas, la indeterminación es nuestro suelo. Pero no es ese el discurso en el que nos sentimos cómodos, por muy posmodernos que pensemos seguir siendo. Lo demuestra la consideración que merecen los debates políticos que son evaluados como si fueran un partido de fútbol: un candidato tiene que ganar y el otro tiene que perder. No se evalúa otra cosa. O estás entre los ganadores o entre los perdedores. No nos damos cuenta de que la realidad, reducida a dos bandos, no encaja en ese dualismo tosco que oculta las zonas intermedias. «Las incertidumbres dan mucho miedo y las certidumbres todavía más», decía El Roto en una de sus imprescindibles viñetas. Pero todo el pensamiento moderno se impuso la pauta de encontrar certidumbres y desechar lo que plantea dudas. Descartes buscaba una idea clara y distinta de la que no fuera posible dudar. Quiso evitar al mismo tiempo el escepticismo y el fideísmo, en el que finalmente acabó cayendo. No aceptaba que la duda metódica solo sirviera para llenarle la mente de dudas, porque las dudas lo paralizaban. Él mismo lo expresaba de esta forma: «La meditación de ayer llenó mi mente con tantas dudas que ya no está en mi poder olvidarlas [...] no puedo ni poner los pies firmemente en el fondo ni nadar para mantenerme en la superficie.» (*Meditaciones metafísicas*). Más temeroso aún de las consecuencias que podía tener para la fe religiosa el afincarse en la duda fue Pascal, para quien, fuera de la fe, solo había enormes espacios vacíos.

A todos los filósofos les ha movido lo que fue el impulso originario de la filosofía: el deseo de saber. «Todos los hombres, por naturaleza, desean saber», empieza la *Metafísica* de Aristóteles. Ese deseo primordial lo hacen suyo los que aman la sabiduría, los filósofos. Aunque no todos buscan el saber con los mismos métodos, ni confían con la misma intensidad en que el objetivo sea ir acumulando certezas. Ya Aristóteles se distancia de Platón en la dedicación a la vida teorética, no comparte la idea de que la contemplación sea el modo más adecuado ni más humano de adquirir conocimiento. Piensa que la experiencia también es importante. Y la experiencia es diversa y múltiple, cada cual vive la vida de una forma distinta y mira la realidad desde su perspectiva particular. No debe importarnos, dirá Aristóteles, saber qué es la virtud, sino ser buenas personas: algo que se aprende por experiencia, comprobando las dificultades de hacer real lo que en teoría es obvio. «La virtud está en el termino medio», en efecto. Pero, ¿cuál es el término medio?, ¿quién lo determina?, ¿con qué criterio?, ¿es más correcta, más justa, más generosa, más noble, la reacción de Antígona o la de su hermana Ismene? La experiencia nos da de bruces con la duda. Nos enfrenta a nosotros mismos, como sujetos que dudan y dudan porque piensan. La deducción cartesiana «pienso, luego existo» es demasiado simple. Pensar es una idea clara del ser racional, en efecto, pero del pensar no se deduce solo la existencia, sino la complejidad del ser pensante, que incluye la duda.

Montaigne fue el artífice de esa idea. Su respuesta al deseo de saber filosófico expresado rotundamente por Aristóteles es una pregunta que recorre ese modo específico de hacer filosofía que creó un género nuevo, el «ensayo». *Que sais-je?*, se pregunta el ensayista por antonomasia. Si el motor de la reflexión es la conciencia de la propia ignorancia, el autoanálisis se convertirá en el principio de la sabiduría y la duda en el hábitat normal de la condición humana. Lord Byron, en el *Don Juan*, ensalza de esta forma la actitud dubitativa de Montaigne:

> ¿Qué sé yo? Era el lema de Montaigne
> y también de los primeros académicos:
> Que es dudoso todo lo que el hombre pueda
> [alcanzar
> Era una de sus posiciones preferidas.
> Sabemos tan poco lo que hacemos en
> Este mundo que dudo que dudar sea dudar.

Efectivamente, Montaigne no desdeña la actitud del escéptico. Uno de sus maestros es Pirrón. Pero también bebe de Aristóteles. Empieza el último capítulo de los *Ensayos*, "La experiencia", con la cita aristotélica: «Ningún deseo es más natural que el deseo de conocimiento.» Y añade: «Cuando la razón nos falla, empleamos la experiencia [...] que es un medio mucho más débil y más vil. Pero la verdad es una cosa tan grande que no podemos desdeñar intermediario alguno que pueda conducirnos hasta ella.»

No es la experiencia ajena la que nos será más útil, sino la propia. El conocimiento que nos han legado los doctos ha sido una y otra vez interpretado por quienes les han sucedido sin conseguir nada más que añadir confusión y desconcierto. No es la ciencia ni los tratados de los filósofos ni las leyes de los gobernantes lo que nos dirá cómo debemos vivir, sino la propia experiencia. «Preferiría ser un entendido en mí mismo a serlo en Cicerón. Con mi experiencia sobre mí me basta para hacerme sabio, si fuera buen estudiante.» Quien cree conocerse bien es que no sabe nada en absoluto, ya lo enseñó Sócrates, y Montaigne se declara su fiel discípulo porque en el autoconocimiento está la escuela que todos necesitan:

> Debo a mi flaqueza, tantas veces reconocida, mi inclinación a la modestia, a la obediencia de las creencias que me están prescritas, a una constante frialdad y moderación de opiniones; y el odio a la arrogancia importuna y pendenciera, que se cree y se fía plenamente de sí misma, enemiga mortal de la enseñanza y de la verdad.

Claro que lo que preocupaba a Montaigne era vivir bien, aprender a vivir. Sus *Ensayos* están repletos de citas, se encerró en su torre para leer a fondo a los clásicos griegos y latinos —Séneca, Plutarco, Horacio, Cicerón, Lucilio. Pero no le interesa hablar y desarrollar sus teorías, sino el relato de cómo vivían, qué apreciaban, qué preferían, cómo administraban su tiempo. Las vidas sencillas, las anécdotas cotidianas eran fuente del conocimiento que consideraba útil e interesante. Es lo que a su vez cuenta de sí mismo: cómo dormía, cómo se protegía del frío, cómo combatía los cálculos del riñón, si evacuaba más o menos, cuáles eran sus momentos de placer. Cualquier tema puede ser objeto de un ensayo, no importa la trascendencia o trivialidad que tenga. Montaigne nos habla con la misma intensidad de la muerte tan sentida de su amigo De La Boétie, como del desagradable sudor de Alejandro Magno. Saber vivir bien la propia vida, que es la de todos, decía, es la ciencia más ardua. Por mucho que queramos sobrepasar nuestra condición, por mucho que nos montemos «en zancos» para ver la realidad desde la superioridad del docto o del que tiene poder, tendremos que fiarnos de nuestras piernas: «Quien se sienta en el trono más elevado, no deja de estar sentado sobre su trasero.» «Las vidas más hermosas son, a mi juicio, aquellas que se acomodan al modelo común y humano, con orden pero sin milagro, sin extravagancia.»

A todas esas lecciones de aparente poca altura las llamamos hoy aplicar el sentido común. Para Montaigne, que ahí seguía a los estoicos, el criterio del sentido común era obrar conforme a la naturaleza. Dar más valor a lo que se siente que al razonamiento: «Solo me juzgo por lo que siento, no por lo que razono.» Saborear lo bueno y pasar corriendo por lo malo. Eso es ser prudente, temperante, saber vivir:

> Es mucho más fácil andar por los extremos, donde la extremidad sirve de límite, de freno y de guía, que por la vía del medio, ancha y abierta, y según el arte que según la naturaleza; pero es también mucho menos noble y menos digno de elogio. La grandeza del alma no reside tanto en ascender y en avanzar como en saber mantenerse en orden y circunscribirse. Tiene por grande todo aquello que es suficiente. Y muestra su elevación prefiriendo las cosas medianas a las eminentes. Nada es tan hermoso y legítimo como hacer bien de hombre, y tal como es debido. Ni hay ciencia tan ardua como saber vivir bien esta vida.[2]

---

2  Todos los textos citados hasta ahora de Montaigne pertenecen al ensayo "La experiencia" (Ensayos, III, XIII). Recomiendo la lectura del bonito y sugerente libro de Sarah Bakewell, *Cómo vivir. Una vida con Montaigne*, Ariel, Barcelona, 2011.

Ahora bien, precisamente porque la duda nos constituye como seres humanos, limitados y finitos, complacerse en ella carece de atractivo. Retrata con demasiada fidelidad lo que somos. Da la impresión de que quien duda es el timorato, el indeciso, el que prefiere que sean los demás los que decidan y tomen posiciones. Por eso, el personaje dubitativo que es Ismene ha pasado a la historia como una figura mediocre, «una bella medida de lo corriente, de lo ordinario», como la describe Eckermann[3]. George Steiner, en su exhaustivo recorrido por los muchos relatos del mito de Antígona, pone de manifiesto la asimetría entre las dos hermanas, Antígona e Ismene, paralela a otra pareja de hermanas mítica, la de Electra y Crisotemis. También esta última, sin poner en cuestión la legitimidad del designio de Electra, trata de medir el coste del asesinato y la violencia que puede seguirle. A sus dudas, Electra le espeta con un «vete a casa», es decir, al lugar que le corresponde, el despreciable *oikos* que nombra el ámbito femenino de la vida doméstica. Pero no todas las interpretaciones son igualmente despectivas hacia la hermana aparentemente miedosa. La *Antígona* de Hasenclever otorga un peso moral a las advertencias de Ismene a través de estos versos:

---

3  En las *Conversaciones con Goethe*, citadas por George Steiner en el exhaustivo estudio del mito de Antígona, *Antígonas. La travesía de un mito universal por la historia de Occidente*, Gedisa, 1986. En las líneas que siguen, recojo algunas de las ideas vertidas en dicho ensayo.

Con una nueva injusticia no se elimina la vieja;
insensatamente promueves eterna calamidad...
¡Sé humana con todos los humanos!

Algo similar puede decirse de la *Antígona* de Anouilh, donde Ismene es la hermana mayor y representa la salud mental, la cavilación y la cordura. Por eso entiende mejor la posición de su tío Creonte —*je comprends un peu notre oncle*—, aunque más adelante la actitud de Ismene se vuelva ambigua y más cercana a la resolución de Antígona de enterrar a su hermano a costa de lo que sea. Pero así es también en la tragedia original de Sófocles. Si no fuera así, no veríamos en Ismene de un modo tan claro la puesta en escena de la duda.

Otro elemento que no hay que ignorar es que el conflicto entre Ismene y Antígona lo protagonizan dos mujeres, dos mujeres que se enfrentan a la política y de una u otra forma representan el papel —o la ausencia de papel— que desempeñan las mujeres en ese campo. «Somos solo mujeres», explica Ismene, un «sexo imbécil» e inepto para la política. Antígona ha sido vista, especialmente por Hegel, como la representación típicamente femenina del apego a la familia y a la naturaleza. Ismene, por su parte, es un personaje enteramente femenino que exhibe la debilidad corporal y el sentimiento compasivo cuando se avecina la catástrofe.

No obstante, otros contextos admiten que veamos las intervenciones de una y otra hermana con matices distintos. Steiner se apoya en la película de Kluge, con guion de Heinrich Böll, *Der Herbst in Deutschland*, para poner de manifiesto la lectura que el mundo contemporáneo debería hacer del conflicto Antígona-Ismene, a la luz de la irrupción terrorista en Alemania del grupo Baader-Meinhof. Qué decir, se pregunta, del personaje de Sófocles «cuando el grupo Baader-Meinhof casi ha puesto al país de rodillas, en un momento en que actos de brutal terrorismo se perpetran en nombre de la justicia absoluta». Ulrike Meinhof (¿Antígona?) se suicida en su celda. Andreas Baader (¿Hemón?) lo hace un año después. Steiner es tajante y su duda es retórica: «¿No está justificado Creonte en defender la supervivencia de la sociedad contra despiadados asesinos? [...] ¿Queda algún lugar para la feminidad clásica de Ismene, para su actitud que tiende a evitar la muerte?» Desde tal perspectiva, la actitud de Antígona es la del personaje viril que exhibe rasgos masculinos, mientras Ismene muestra una forma «femenina» y conciliadora de zanjar el conflicto. En un sentido similar, pero con conclusiones distintas, Rafael Sánchez Ferlosio ha visto en Antígona la figura de quien se resiste a aceptar el interés del derecho o del Estado por encima de cualquier otro interés. Ante un secuestro, pone por caso, el Estado se protege a sí mismo sin atender a la responsabilidad de proteger la vida de la persona secuestrada. El Estado no puede dar muestras de debilidad en ningún caso, ni siquiera cuando está en peligro la vida de un ciudadano.[4]

Pero fijémonos todavía un momento en el rasgo de debilidad que varios autores han atribuido a las dos hermanas: debilidad de Antígona por la vehemencia excesiva

---

4   Rafael Sánchez Ferlosio, *Sobre la guerra*, Destino, Barcelona, pp. 383-384.

que la lleva a la muerte, y debilidad de Ismene por su actitud dubitativa. Fijémonos, ya que de duda se trata, en esta última y en la afirmación de que la duda va aparejada a la condición de mujer. Generalizar, lo reconozco, es simplificador en cualquier caso, también en este. Ni todas las mujeres ni todos los hombres poseen unos mismos rasgos de conducta derivados del sexo al que pertenecen. El sexo no, pero el género, es decir, la adscripción cultural y ancestral, sí que ha hecho a la mujer en general más proclive a exhibir su debilidad con actitudes como la duda. La autora feminista Sheryl Sandberg, en un libro exitoso que lleva por título *Lean In* ("Atrévete"), sostiene que la lentitud en la emancipación total de la mujer se debe a que muchas mujeres adolecen de la ambición y arrogancia de que van sobrados la mayoría de hombres. Es así porque se les ha enseñado a callar, a ser discretas, a no llamar la atención, porque temen ser juzgadas, temen el fracaso. Las profesoras sabemos que en un aula con mayoría de mujeres, siempre son los hombres los que llevan la voz cantante. Las mujeres dudan antes de hablar y se les pasa el turno.

Pero no es de la duda nacida de una supuesta debilidad derivada de la falta de seguridad en sí mismo de la que quiero hablar. Me interesa una duda más ontológica, nacida de la debilidad intrínseca a la condición humana, a sujetos que se saben vulnerables y dependientes, que no presumen de una autosuficiencia ficticia. No es la duda cartesiana, intelectual y metódica, sino la duda que lleva al sujeto a mantener una actitud relacional y no autoafirmativa. Dudar, como espero poder explicar en las páginas que siguen, no implica dejar de actuar ni permanecer indeciso. Tampoco significa equidistancia entre opiniones opuestas. Dudar, en la línea de Montaigne, es dar un paso atrás, distanciarse de uno mismo, no ceder a la espontaneidad del primer impulso. Es una actitud reflexiva y prudente, en el sentido de la *phrónesis* griega, la regla del intelecto que busca la respuesta más justa en cada caso.

# 2

## EL ASNO DE BURIDÁN

Incapaz de decidir de cuál comerá de los dos montones de heno que tiene delante, el asno de Buridán acaba muriendo de hambre. La paradoja, que no es original del tal Buridán, sino que ya había sido formulada por Aristóteles, ha tenido muchas interpretaciones referidas al equilibrio de las fuerzas físicas o a la dificultad de ejercer el libre albedrío por tener que tomar una decisión racional ante dos opciones igualmente perentorias y razonables. No pretendo entrar ahora en el debate filosófico sobre la paradoja en cuestión. Aludo a ella solo como exponente de la parálisis en que podría derivar una actitud instalada permanentemente en la duda. El argumento típico contra los filósofos escépticos era este: un escéptico integral, que todo lo pone en duda, acabará paralizado, será incapaz de hacer nada, ante la implacable convicción de que todo cuanto ve, toca, piensa o imagina es un engaño, pura alucinación. ¿Para qué molestarse en comer si la comida no existe?, ¿por qué sentarse a descansar si el sillón es ficticio?, ¿qué significa salir a pasear si la calle no está ahí fuera? Hay un remedio evidente contra el escepticismo, decía G. E. Moore, y es el siguiente: basta levantar la mano derecha y luego la izquierda y decir al mismo tiempo: «Esta es mi mano derecha, y esta otra la izquierda.» Nadie dudará de tal evidencia.

En muchas ocasiones, los argumentos filosóficos son válidos y entretenidos como gimnasia intelectual, pero no es esa gimnasia la que quiero practicar aquí. Traigo a colación el ejercicio de la duda como un elemento positivo para la madurez mental y la convivencia civilizada, como un dispositivo capaz de agitar los juicios, las opiniones, las afirmaciones y explicaciones de lo que ocurre o de lo que está en nuestra mente pidiendo una explicación. La duda sirve para eliminar prejuicios, supuestos no fundados, creencias no examinadas, y no es en absoluto contradictoria con la búsqueda de una supuesta verdad. Descartes utilizó el método de la duda para llegar a la verdad primera, una idea clara y distinta, evidente, desde la que enlazar una cadena de verdades sucesivas. No puede decirse que su empeño produjera los resultados esperados, pues ni siquiera el «pienso, luego existo» fue unánimemente aceptado por otros filósofos como idea innegable y adecuadamente fundamentada. Pero el objetivo del filósofo no era permanecer en la duda, sino que la duda le ayudara a razonar bien. También Montaigne, que temía menos que Descartes asentarse en la duda, advierte de que el acto dubitativo no debe empañar la necesidad de actuar. Con frecuencia se ha reparado en la influencia que pudo tener Montaigne en Shakespeare, y especialmente en *Hamlet,* cuyo dilema consiste en pensar demasiado en las circunstancias y consecuencias de lo que va a hacer. Que la duda es parte de nuestro ser equivale a decir que anida en nosotros la confusión y la contradicción: «Somos, no sé cómo, dobles en nosotros mismos, y eso hace que lo que creemos, no lo creamos, y que no podamos deshacernos de aquello que condenamos.»[1] El ser humano es tan inconstante que quiere y no quiere las mismas cosas: «Fluctuamos entre opiniones distintas; nada queremos con libertad, nada de manera absoluta, nada con constancia.» Nos equivocaremos siempre que pretendamos describir o juzgar a alguien por unos rasgos supuestamente estables y comunes. El propio Montaigne se describe a sí mismo con atributos incompatibles: «Tímido, insolente; casto, lujurioso; charlatán, callado; sufrido, delicado; ingenioso, obtuso; huraño, amable: mentiroso, veraz; docto, ignorante; generoso, avaro y pródigo.»[2] Citando a Cicerón, escribe que «no hay discusión posible sin contradicción».[3]

Hay una diferencia entre la duda de Montaigne y la cartesiana que no es despreciable. A diferencia de Descartes, que buscaba una verdad científica, a Montaigne solo le preocupa *su* verdad, la que puede encontrar en su interior, a través del autoanálisis, sin pretensiones de convertirla en verdad universal ni de extenderla a nadie que no sea él mismo. Las dudas y el escepticismo le conducen a la práctica del autoconocimiento, el ejercicio que considera más saludable para él y para los demás. Lo vio muy bien André Gide en su ensayo sobre Montaigne:

---

[1] Montaigne, *Ensayos*, II, XVI.
[2] *Ensayos*, II, I.
[3] *Ensayos*, III, VII.

> Parece que, frente a la atroz pregunta de Pilatos, cuyo eco resuena a través de las edades, «¿qué es la verdad?», Montaigne toma para sí, aunque muy humanamente, de una manera por completo profana y con muy diferente sentido, la respuesta divina de Cristo: «Yo soy la verdad.» Esto es, que estima no poder conocer nada sino a él mismo. Y esto es lo que lo lleva a hablar tanto de él.

De un modo similar razona Jean Starobinski al señalar que la paz interior es posible incluso en medio de las peores tormentas:

> La abstinencia intelectual de Montaigne (la *epojé* escéptica) no implica ni la abstención política, ni la búsqueda de una seguridad afianzada a cualquier precio, ni el rechazo de la acción, incluso si la acción, a su parecer, debe comportar siempre el mínimo posible de elementos pasionales. Pasado el momento en que se pone al amparo de la dislocación interior que resultaría de un compromiso demasiado intenso, Montaigne marca con nitidez un tercer tiempo, el de la acción ponderada.[4]

La diferencia que convierte a Montaigne en un pensador más cercano a nosotros que Descartes es la desconfianza en el poder del intelecto o de la razón para encontrar una verdad que está ahí, esperando ser descubierta por mentes excelsas que han puesto su vida al servicio de esa tarea

---

4  Jean Starobinski, "Montaigne: une théorie de l'action calme". Tomo esta cita y la anterior del libro de Adolfo Castañón, *Por el país de Montaigne*, Ediciones Sin Nombre, México, 1998.

sublime. Montaigne no parece querer ir tan lejos, su tarea es más modesta. Parte de la contradicción que caracteriza al ser humano. En las descripciones que hace de pueblos sencillos, como el de los tupinambás, habitantes de la llamada Francia Antártica (el actual Brasil), se complace en señalar lo deseable de unas formas de vida donde falta todo lo que la arrogancia europea da por supuesto y necesario. «Cada cual llama "barbarie" a aquello a lo que no está acostumbrado.» Estamos acostumbrados a verlo todo desde la propia perspectiva, y solo desde ella, a valorar lo nuestro y despreciar o ignorar todo lo que nos es ajeno. Así es imposible apreciar las ventajas de otros lugares que en nada se parecen a los ideados por filósofos como, por ejemplo, Platón, al que habría que explicarle bien lo positivo de vivir en naciones como la de los tupinambás. Montaigne finge explicárselo:

> Es una nación, le diría yo a Platón, en la que no existe especie alguna de comercio, ni conocimiento de las letras, ninguna ciencia de los números, ningún título de magistrado ni de superioridad política, ningún uso de servidumbre, de riqueza o de pobreza, ningún contrato, ninguna herencia, ninguna repartición, ninguna ocupación que no sea ociosa, ninguna consideración de parentesco salvo la general, ningún vestido, ninguna agricultura, ningún metal, ningún empleo vino o trigo. Hasta las palabras que designan la mentira, la traición, el disimulo, la avaricia, la envidia, la maledicencia, el perdón, son inauditas.[5]

---

5  *Ensayos*, I, XXX.

Ha sido una constante de la inteligencia humana querer ir más allá de unas limitaciones intrínsecas a seres que son finitos y tienen percepciones inevitablemente parciales de la realidad. George Steiner ha reprobado repetidas veces el incomprensible grado de confianza que ha movido al intelecto humano en el intento de encontrar la verdad. Aristóteles, Descartes, Hegel, Freud, todos dan por hecho que el lenguaje da cuenta del mundo, que existe una equivalencia entre la sintaxis y la estructura de la realidad. Es un afán en el fondo teológico —piensa el autor citado—, que bebe de los textos proféticos y reproduce, sin darse cuenta, bajo una apariencia de racionalidad, los mitos que han relatado un anhelo de absoluto del que la humanidad no consigue liberarse por mucho que procure secularizar el pensamiento. El árbol del Edén, el mito de Prometeo y el mito de Fausto muestran que el deseo de saber y de trascenderse a sí mismo no tiene límites, y que el desenfreno y la desmesura siempre acaban siendo castigados. La alienación del ser humano que describe Marx, el malestar en la cultura que lamenta Freud, no son otra cosa, a juicio de Steiner, que reminiscencias del pecado original. Como lo es también la teoría de Lévi-Strauss del carácter depredador de la cultura sobre la naturaleza. «Construcciones visionarias» que siempre han fracasado, porque son ilusorias, están queriendo llenar el vacío que ha dejado la religión.[6]

    Montaigne no comparte ese espíritu de autotrascendencia. Su análisis tiene otros objetivos, no tiene otra

---

6   George Steiner, *Nostalgia del Absoluto*, Siruela, Madrid, 2011.

ambición que la de establecer comparaciones y contrastes entre formas de vida existentes y dispares. Porque el contraste relativiza las creencias, pone de relieve la pequeñez y debilidad de lo que se tomaba por grande y fuerte. La verdad de Montaigne no es «el ser», sino «el tránsito», el tránsito de lo antiguo a lo nuevo, de lo lejano a lo cercano, de lo conocido a lo desconocido, como ejercicio de puesta en cuestión, de *epojé*, suspensión del juicio, con el fin de mostrar que lo que parecía indiscutible es más infirme de lo que creíamos.

Pese a que el discurso intelectual lleva años sumergido en la posmodernidad y el pensamiento débil, pese a que todo lo sólido se ha hecho líquido, como no deja de repetir Zygmut Bauman, el anhelo de agarrarse a unas verdades inquebrantables parece que nos constituye. No en forma de grandes teorías, pues ya no hay filósofos que se embarquen en la tarea de elaborar una *Enciclopedia de las ciencias filosóficas*, como hizo Hegel. No es a la filosofía a la que hay que acusar de mostrarse poco propicia a la duda, ya que la filosofía, precisamente, hoy se encuentra más desnortada que nunca, ve su universo cada vez más reducido al de las grandes preguntas que darían sentido a la vida si tuvieran respuestas definitivas. Pero el desconcierto y la desorientación no gustan, cuesta resignarse a la perplejidad. Por eso atraen más las respuestas que las preguntas, aun cuando aquéllas sean simples y chapuceras. A medida que somos más conscientes de que la gran pregunta filosófica, «qué es el hombre», seguirá siendo un enigma por los siglos de los siglos, y a medida que los enigmas sigan siendo vistos como entelequias que nuestro mundo pragmático quiere eliminar a toda costa, tenemos el suelo abonado para que florezcan y se prodiguen los fanatismos.

Me he referido en otra ocasión a la ética de nuestro tiempo como una «ética sin atributos», robándole el título a la famosa novela de Robert Musil.[7] Desde Kant, nuestra ética se fundamenta en la autonomía del sujeto como ser racional, un sujeto al que se supone la capacidad de decidir por sí mismo qué debe hacer si se toma la molestia de reprimir los impulsos y guiarse por la razón. La nuestra no es una ética católica, islámica o evangélica, ni tampoco una antiética nietzscheana. Lo que nos une es una jerarquía de valores y principios, que pretendemos universales, y que, por lo mismo, son abstractos y laicos; no han sido decretados por ninguna fe concreta, los hemos abrazado porque pensamos que deben sostenerse como tales. Esa ética sin atributos desasosiega y desconcierta, ofrece pocas seguridades y muchas incógnitas, nos hace más responsables porque también nos reconoce como más libres. Es la antítesis de la máxima evangélica «la verdad os hará libres», porque la verdad no es patrimonio de nadie y, en todo caso, si existe alguna verdad, ésta siempre tiene una formulación muy poco precisa, abierta a más de una interpretación. Basta releer las «verdades que consideramos autoevidentes» que encabezan la Constitución de Estados Unidos de 1776: «Que todos los hombres son creados iguales; que son dotados por su Creador de ciertos derechos inalienables, entre los cuales están la vida, la libertad y la búsqueda de la felicidad.»

---

7 Victoria Camps, *El declive de la ciudadanía*, PPC, Madrid, 2010.

Eliminada la alusión al «Creador» como un vestigio de otros tiempos, ¿qué hacemos con los derechos inalienables, hoy ampliamente reconocidos?, ¿cómo hay que interpretarlos?, ¿a qué obligan?, ¿no es cínico seguirlos proclamando ante una crisis como la de los refugiados?

Una ética sin atributos es una ética difusa, pero no escéptica. No es una ética que inhiba de actuar. No puede serlo porque, para poder desarrollarla, hay que partir de la idea de que hay cosas que no están bien y no se deben hacer, y que es posible cambiar lo que está mal. Pero si la ética no se construye desde el escepticismo, tampoco lo hace desde la seguridad de quien cree estar en posesión del árbol de la ciencia del bien y del mal, para recordar de nuevo el mito bíblico. La ética parte de unas pocas convicciones claras, pero difusas —la justicia, la paz, la solidaridad, el respeto— y mantiene una actitud abierta y dialogante con el fin de ir dotando de contenido esos grandes conceptos que la sustentan.

La indeterminación en cuanto a lo que hay que creer y lo que hay que hacer es un terreno propicio a la filosofía, pero no al individuo corriente que anhela seguridades. Por eso prosperan los libros de autoayuda, en detrimento de los ensayos filosóficos. La apatía o indiferencia moral, propias de esa posmodernidad débil y líquida, chocan hoy con el fanatismo de los que no toleran vivir en la incertidumbre y buscan desesperadamente verdades a las que atenerse.

Así, porque el desconcierto y las dudas no son cómodas, no es raro que aparezcan por todas partes posturas extremas y que sean despreciados los términos medios y las posiciones moderadas. A raíz de la última crisis financiera, que ha dejado sin recursos, pobre y desarraigada a tanta gente, han proliferado las formaciones políticas que se repliegan en nacionalismos excluyentes, en el baluarte de identidades fuertes que crean actitudes defensivas y compensan emotivamente de los muchos agravios recibidos. No pienso ahora en las facciones religiosas empeñadas en reavivar lo más siniestro y terrorífico de las persecuciones medievales, como el Estado Islámico. No hablo de terrorismo puro y duro, sino de formas de dominación que conservan gestos democráticos, que incluso pretenden entender mejor que nadie en qué consiste la democracia, pero que dejan entrever pulsiones autoritarias. Las posiciones extremas bordean el fanatismo, fruto del anhelo de agarrarse a creencias fuertes y sólidas. Se las llama «populistas» porque, entre otras cosas, ejercen un magnetismo fácil en la gente que tiene poco que perder y está predispuesta a reconocer enemigos que la subyugan y son los causantes de la situación miserable en que se encuentran. En la raíz de cualquier extremismo hay una voluntad de poder fácilmente enmascarada por ideales de salvación. Otra vez, estamos en el anhelo de absoluto que ha nutrido a las religiones y hoy lo hace con proyectos terrenales.

Dos características, entre otras, califican el extremismo al que me refiero. El extremista busca amparo en el grupo, en la uniformidad que aportan unas creencias sencillas y fáciles de formular, que se muestran como indiscutibles y como la voz de la razón. La pertenencia al grupo corrige el egoísmo que caracteriza al ser humano, pues, como explica Cass Sunstein, no somos solo egoístas, somos también grupales, y pensar a través del grupo es acogedor, sobre todo cuando la realidad desconcierta y uno no sabe dónde situarse, qué debe pensar, qué decidir. De ahí que «cuando la gente se encuentra en grupos de individuos que piensan igual, tiende especialmente a moverse hacia los extremos»,[8] porque en los extremos las posiciones se simplifican bajo la denominación de una sola etiqueta. Uno tiene que ser independentista o unionista, ponerse del lado de Israel o Palestina, contarse entre los indignados o entre los que se conforman. La dicotomía ayuda a clasificar y a ubicarse, a tomar posición sin tener que matizar ni dar razones. La cantante israelí Noa tuvo problemas para interpretar en Barcelona *El cant dels ocells* por declararse pacifista. Igual que el cantante norteamericano Matisyahu, que es boicoteado en el festival de Benicassim por no declararse antisemita.

Pertenecer a un grupo conforta y facilita estar en el mundo. Compartir unas mismas convicciones genera la confianza que las instituciones políticas son incapaces de producir. El individuo se siente fuerte si puede ampararse en la solidaridad del grupo. En este sentido, dice Sunstein, el extremista es altruista: le interesa la voz común y compartida más que la suya propia, que deja de existir. Amos Oz, en un sabroso ensayo sobre el fanatismo[9], ilustra la postura del extremista aludiendo a la película *La vida de Brian*, de Monty Python. Cuando el protagonista se dirige a la multitud y les dice «Todos sois individuos», la multitud se entusiasma y responde, «Todos somos

---

8   Cass Sunstein, *Going to Extremes. How Like Minds Unite and Divide*, Oxford University Press, Oxford, 2009.
9   Amos Oz, *Contra el fanatismo*, Siruela, Madrid, 2003.

individuos», salvo uno de ellos que dice tímidamente: «Yo no.» Pero es inútil, no quieren escucharle, todos se vuelven contra él y le mandan callar. El disidente molesta, hay que eliminarlo.

La segunda nota que caracteriza al extremista es el optimismo. Cree en el éxito de lo que defiende porque, si deja de creer, se derrumba todo el andamiaje en el que se sustentan las creencias. La idea de salvación o de redención de todos los males está en la base de las propuestas utópicas. Uno deja de preguntarse cómo se llega al paraíso porque da por supuesto que los artífices de la utopía lo saben y no errarán el camino ni el método. No es extraño que los movimientos políticos de última hornada, que se inspiran en ese anhelo de redención, tengan muy claro, por otra parte, que una propuesta política para nuestro tiempo ya no puede proponer un mundo feliz, que tiene que asentarse en una realidad contradictoria y llena de límites. Por eso se refugian en la indefinición: ni de derechas ni de izquierdas, ni comunistas ni socialdemócratas; lo suyo no son partidos políticos, sino círculos, confluencias, movimientos. Lo que sean está por inventar y aún no tiene nombre.

Seguramente, lo que explica en último término el gusto por las posiciones extremas es lo que Erich Fromm llamó «miedo a la libertad».[10] Pues la libertad es un ideal que todos aplauden y que nadie rechazaría, pero es un ideal de penosa realización. Ser libre de verdad, con esa libertad positiva que implica autogobierno y no dejarse

---

10 Erich Fromm, *El miedo a la libertad*, Paidós, Buenos Aires, 2008.

llevar por las tendencias más influyentes del momento, implica sentirse solo e inseguro. Implica tener que dar cuenta de lo que uno hace, ser responsable. El refugio en posiciones extremas, de «pensamiento único», esquiva la libertad y cae en el conformismo de adhesión al colectivo.

Los extremismos, las actitudes fanáticas, tienden a desembocar en posiciones totalitarias. El siglo pasado fue pródigo en ellas. Es cierto que ahora vivimos en democracias y éstas excluyen por definición el fanatismo puesto que la democracia va unida a la deliberación y el diálogo y a un estado que protege los derechos individuales. Pero no está de más preguntarse si estamos vacunados de verdad contra los pensamientos únicos que se abren camino porque buscan ser hegemónicos, si el vivir en una democracia es remedio suficiente contra la degeneración hacia posiciones que tienen poco de demócratas. Es ahí donde la duda debe introducir su cuña y examinar a fondo por qué se están dando, entre nosotros, ciertas anomalías que chocan con la esencia de la democracia, como la de negarse a cumplir la legislación que molesta para el proyecto con el que uno se compromete. Entre la dictadura y la anarquía se encuentra el Estado de derecho, una declaración de principios y de procedimientos que ningún demócrata debe obviar.

Si hay algo que la filosofía, o la ética, debe rechazar de plano es la complacencia con el *statu quo*. Siempre ha sido así, pues fue Sócrates el que dijo que «una vida no examinada no es digna de ser vivida». Preguntarse por lo que uno hace, por lo que piensa y pretende en esta vida, analizar las circunstancias que nos rodean y no dejan de influirnos, averiguar qué nos condiciona y dirige nuestras conciencias aún sin que éstas lleguen a darse cuenta, hacerse preguntas, en definitiva, es la actitud ética o filosófica que siempre han promovido los grandes clásicos del pensamiento. Decía hace un instante que uno de los peligros de nuestro tiempo es asentarse en creencias poco fundadas y adoptar posiciones extremas, rayanas al fanatismo. El peligro opuesto es la apatía, la indiferencia, el dejarse llevar por lo que hay y aceptar el devenir tal como viene.

Contra esa indiferencia se rebela, por ejemplo, el magnífico Tony Judt en su libro-manifiesto *Algo va mal*.[11] La conciencia de que nos hemos equivocado en muchas cosas, de que estamos echando a perder lo que hace muy poco considerábamos principios indiscutibles, debiera plantearnos una multitud de preguntas, de dudas, sin las cuales será difícil encauzar el futuro en el buen sentido. Viene a decir Judt que ahora mismo nos encontramos entre dos extremos, el de un individualismo feroz, que comulga con el neoliberalismo más salvaje, y la tentación de regresar a una retórica de izquierdas que habría que considerar definitivamente fracasada. De nuevo, la actitud dubitativa es la que sabe colocarse entre ambas posiciones, en la voluntad de conservar una serie de valores que no podemos dejar caer porque han marcado el progreso de Europa y debieran marcar el progreso del mundo, pero preguntándose, al mismo tiempo, si los medios que se están poniendo para conservarlos son los adecuados. Judt se refiere a la socialdemocracia, un ideal que, en Europa,

---

11 Tony Judt, *Algo va mal*, Taurus, Madrid, 2010.

fue tan mayoritariamente aceptado hasta los años ochenta del siglo pasado, que consiguió acabar con el comunismo y sumergirnos en una especie de modorra democrática generalizada que, si bien no producía grandes entusiasmos entre sus gentes, podía enorgullecerse de haber logrado las sociedades más igualitarias conocidas hasta ahora.

Que el proceso socialdemócrata se haya interrumpido hace treinta años a causa de la desregulación neoliberal, debe generar una serie de preguntas y de dudas. No se trata de dudar de todo porque algo hemos ido aprendiendo, no se trata de poner en cuestión el objetivo de una vida mejor para todos, ni tampoco de dibujar sociedades utópicas fuera de nuestro alcance, sino de tomar como principio los valores conseguidos y a los que no sería legítimo renunciar. Judt lo expresa muy bien:

> Sabemos lo que no queremos: de la amarga experiencia del siglo pasado hemos aprendido que hay cosas que los Estados definitivamente *no* deben hacer. Hemos sobrevivido a una era de doctrinas que pretenden decir, con un aplomo alarmante, cómo deben actuar nuestros gobernantes y recordar a los individuos —mediante el empleo de la fuerza en caso necesario- que quienes están en el poder saben lo que es bueno para ellos. No podemos volver a todo eso.

La duda no paraliza porque sabemos que ciertas cosas se han hecho mal. Y cuando se tiene claro el fin al que se aspira por lejano que esté. Es el que expresó Lord Beveridge, uno de los artífices del estado de bienestar, cuando dijo que lo que hay que plantearse es «en qué circunstancias pueden los hombres en conjunto vivir de forma que les merezca la pena». Esa pregunta, que en su momento tuvo respuestas buenas pero a la larga insuficientes, hay que volver a plantearla, pues, comenta Judt, «quizá haya buenas respuestas a estas preguntas, pero si no las planteamos, ¿cómo lo vamos a saber?»

Dudar no es rechazar totalmente el sistema, no es pretender la tarea absurda de borrar el pasado y empezar de nuevo; es afirmar valores como el de la libertad, pero con el convencimiento de que no hay que darlos por supuestos ni por asumidos. Porque la libertad debe tener límites y hay que plantearse cuáles son. La igualdad es un objetivo irrenunciable, un objetivo al que pensamos que hay que llegar redistribuyendo la riqueza, pero la redistribución tiene muchas formas y no todas han dado buenos resultados. ¿No habrá que preguntarse en qué consiste la riqueza y si es cierto que un sistema de tributación económica progresiva la destruye irremediablemente, como afirma el neoliberalismo?, ¿no habrá que pensar, por el contrario, que las políticas tributarias justas son imprescindibles porque solo ellas mejoran la salud general del país? Y la forma de medir el crecimiento económico, a partir del PIB, ¿a qué conduce?, ¿a ocultar la brecha cada vez mayor entre aquellos pocos cuya riqueza no deja de crecer y la gran mayoría cada vez más empobrecida? Si la libertad ha de tener limitaciones para el bien común, ¿qué impide frenar el enriquecimiento indebido y poner coto a las tremendas desigualdades salariales?

Al plantear preguntas de este calibre, no desdeñamos la socialdemocracia. Al contrario, reconocemos que es la mejor de las opciones que tenemos hoy. Una opción que está amenazada, en parte, porque es contraria a los intereses más poderosos y, en parte, por desconocimiento y desidia de los que no tienen poder pero sí parte de responsabilidad frente al mundo que está resurgiendo de la crisis. Nada está ganado para siempre, ni siquiera los ideales que parecen más sólidos. Por eso, una cierta dosis de miedo ante un futuro que amenaza con destruir todo lo conseguido no está de más: «Si queremos construir un futuro mejor, debemos empezar por apreciar en toda su dimensión la facilidad con la que incluso las democracias liberales más sólidas pueden zozobrar. Por decirlo sin ambages, si la socialdemocracia tiene futuro será como una socialdemocracia del temor.»[12]

Montaigne entendió que un pensamiento dubitativo y modesto afianza la libertad interior de la persona. Cuando uno duda del pensamiento hegemónico lo hace desde la libertad. Pero la actitud dubitativa no tiene que ser solitaria. Precisamente, la democracia se acepta desde la antigüedad griega, no por creer que es la mejor forma de gobernar si la comparamos con la monarquía o la oligarquía, sino porque es la más adecuada para el gobierno de los seres ignorantes y de conocimiento limitado que somos. No hay hombres ni mujeres suficientemente sabias para confiarles el gobierno en la convicción de que lo harán bien. Por eso, para formar una conciencia libre, no basta sospechar de lo que viene impuesto, sino propagar la duda y propiciar la discusión para encontrar mejores propuestas y mejores razones que las apoyen.

---

12  *Ibid.*

Hanna Arendt, cuando asiste al juicio de Eichmann, llega a la conclusión de que el pensamiento es lo que nos hace humanos y lo que les faltó a todos los que secundaron el holocausto judío, que pensar es lo que dejaron de hacer los que secundaron el holocausto judío. «Pararse a pensar» es lo que se debe hacer, porque «cuando se piensa, la experiencia común *des-aparece*. El gesto de pensar significa siempre un cierto distanciamiento del mundo de las apariencias, de lo común». Eso es lo que da valor a la política, explica muy bien Fina Birulés en su último estudio sobre Arendt. A diferencia de la corriente que se impone desde Platón, que da valor a la *theoria* y a la contemplación porque solo unos pocos la cultivan, Arendt está convencida de que «afortunadamente, pensar no es prerrogativa de unos pocos, sino una facultad siempre presente en seres que nunca existen en singular y que se caracterizan por su esencial pluralidad».[13] Ese pensamiento compartido es el núcleo de la política. O debiera serlo.

Recuerda Birulés que la concepción de Arendt de la esfera pública se ha interpretado como la combinación de dos modelos: el agonal y el asociativo, o dos modos de acción: el expresivo y el comunicativo. Según el primero, la política estaría hecha de gestos heroicos por parte de individuos excepcionales. Poner el énfasis en el segundo significa entender que el espacio público es un espacio deliberativo basado en la igualdad y en la solidaridad, en

---

13 Fina Birulés, *Una herencia sin testamento: Hanna Arendt*, Herder, Barcelona, 2007, pp. 62-65.

el intercambio de ideas y de puntos de vista.[14] Traslademos la contraposición al conflicto entre Antígona e Ismene, mencionado en el capítulo anterior: la primera reproduce el modelo agonal, mientras su hermana representa el modelo asociativo. Es este último el que requiere la democracia, el que está al alcance de todos, el que evita posiciones extremas que son la mejor forma de eludir el compromiso ante los cambios necesarios.

---

14  *Ibid.*, p. 89.

# 3

## MODERÉMONOS

Las terceras vías no son atractivas. Son propias de tiempos de incertidumbre, como el nuestro, pero no agradan. Dan la impresión de ser un quiero y no puedo o no me atrevo, modos de reformar sin hacer mucho ruido ni espantar a nadie. Quizá siempre haya sido así, que todo lo que suena a moderación y a templanza se vende mal. La moderación se muestra como la razón desprovista de pasión. Las religiones proporcionan un ejemplo claro: tienen fieles moderados, que razonan y no se adhieren a los dogmas sin plantearse antes a qué comprometen, de dónde salen y a qué poder sirven. Pero a nadie le interesa el islam ni el catolicismo moderados. No son noticia porque la noticia prefiere beber del escándalo. Cuando se produjo el atentado a *Charlie-Hebdo*, hubo que llamar la atención sobre los muchos musulmanes que viven en Francia y no son cómplices ni aprueban las atrocidades del islamismo radical. Cuando en España se producen enfrentamientos con la jerarquía eclesiástica católica a propósito, por ejemplo, de la legislación sobre el aborto, nadie quiere escuchar las voces de los católicos que son contrarios al aborto para ellos, pero están dispuestos a aceptarlo para los demás. Si nos fijamos en el discurrir de la política, los populismos extremistas y las propuestas de secesionismo captan fieles sin ningún problema, al contrario de las propuestas que eligen medidas de conciliación.

Otra vez es Montaigne y sus dudas quien nos ayuda a entender la moderación como el criterio de forma de vida más conveniente para vivir bien con uno mismo y con los demás. Montaigne vivió en una época de extremismos religiosos, cuando la mayoría de las guerras, si no todas, derivaban de conflictos entre las facciones católicas y las protestantes. Una época en que era difícil convencer del gusto por la mediocridad implícita en la vida corriente, aquella que le permite al hombre "conservar su humanidad" y seguir el consejo de la prudencia:

> No hay nada tan bello ni tan legítimo como actuar bien y adecuadamente como hombre, ni ciencia tan ardua como vivir esta vida bien y con naturalidad, y la más bárbara de nuestras enfermedades es despreciar nuestro ser.[1]

> Las vidas más hermosas, para mí, son aquellas que se adaptan al molde común humano, con orden, pero sin milagros y sin excentricidades.[2]

Montaigne despreciaba la figura del dogmático y se acercaba a la del sabio estoico: una persona que sabe moderar sus emociones y ejercita el buen juicio. Fue una *rara avis*

---

1  Montaigne, *Ensayos*, III, XIII.
2  *Ibid.*

al no compartir la adoración por la exaltación y el éxtasis propia de los lectores del Renacimiento, entre los que se contaba. Pero su mirada era distinta, porque, confesaba con ironía, «los humores trascendentales me asustan». Al contrario de lo que pueda parecer, su actitud no era la de un conservador —nota Sarah Bakewell—, sino que era un rebelde; Montaigne se rebelaba contra los lugares comunes de su tiempo. No valoraba la exaltación y el desafuero, sino cualidades como «la curiosidad, la sociabilidad, la amabilidad, el compañerismo, la adaptabilidad, la reflexión inteligente, la capacidad de ver las cosas desde el punto de vista del otro y la "buena voluntad", cosas todas ellas incompatibles con la hoguera feroz de la inspiración.»[3]

La mediocridad que suscribe Montaigne es la vía para encontrar la libertad interior. Lo ve muy bien Stefan Zweig, en su biografía del autor de los *Ensayos*, donde se refiere a las tribulaciones del filósofo como si fueran las suyas propias, pues también en el tiempo que le tocó vivir, en la Europa de entreguerras, la gente se apuntaba fácilmente a las obsesiones de los fanáticos. Esa gente no seguía el dictado de Montaigne cuando dice que la pregunta para mantener la propia integridad no es «¿cómo sobrevivir?», sino «¿cómo seguir siendo plenamente humano?». No lo seguía porque esa pregunta no la responde nadie, cada cual debe encontrar la respuesta en sí mismo. Mantener la libertad interior no es sencillo. Así lo ve Zweig:

---

[3] Sarah Bakewell, *Cómo vivir. Una vida con Montaigne*, Ariel, Barcelona, 2011, p. 249.

> Solo aquel que tiene que vivir en su alma estremecida una época que, con la guerra, la violencia y las ideologías tiránicas, amenaza la vida del individuo y, en esta vida, su más preciosa esencia, la libertad individual, sabe cuánto coraje, cuánta honradez y decisión se requieren para permanecer fiel a su yo más íntimo en estos tiempos de locura gregaria.[4]

Es ya un lugar común señalar, como hacen con frecuencia los opinadores, que los problemas complejos carecen de soluciones simples. Problemas complejos no son la multitud de chismes que acapara la atención de una actualidad política plagada de malas prácticas, sino aquellos que se plantean si las decisiones que se toman desde los poderes políticos y fácticos son las que deberían ser, desde el punto de vista de la justicia, la ecuanimidad o el decoro.

El bipartidismo que sustenta a las democracias nos ha acostumbrado a discurrir entre dos polos siempre antagónicos: la autocomplacencia de quien gobierna y la oposición sistemática del resto. Lamentamos no haber sido capaces de adquirir una cultura del pacto que introduzca en el discurso público esa virtud que Rawls señaló como la marca del demócrata: la razonabilidad. Detengámonos unos instantes en el significado de la misma. Ser razonable no equivale a ser racional. La racionalidad es una facultad que acompaña a la acción humana, que es una acción teleológica, dirigida a unos fines determinados y a buscar los medios para llegar a ellos. Somos raciona-

---

4   Citado por Sarah Bekewell, *op. cit.*, p. 270.

les en la medida en que somos capaces de fijarnos unos objetivos y aportar los instrumentos más eficaces para conseguirlos. La racionalidad es una virtud instrumental. Ha sido la economía la que ha analizado —no siempre con fortuna, hay que decirlo— los caminos y vericuetos de la llamada «elección racional», la más eficiente para alcanzar unos objetivos que, en sí mismos, no se discuten. Esa razón instrumental, razón económica, fue severamente denostada por los filósofos de la escuela de Francfort, que vieron en ella el signo del fracaso de la Ilustración. Otra cosa es la razonabilidad, una virtud que, a juicio de Rawls, no hay que dar por supuesta, porque nadie la posee de entrada, pero que puede ser adquirida con voluntad y en un contexto en el que se respeten los principios de la justicia.

La razonabilidad es la condición necesaria para poner en común las razones en las que se apoyan las distintas opiniones que entran en liza a propósito de una cuestión determinada. Ser razonable significa estar dispuesto a limar las posiciones extremas, reducir las antagonías a un equilibrio de fuerzas en el que todos los agentes se reconozcan como parte de la solución acordada y en el que ninguno de ellos se identifique del todo con el resultado acordado. Para ser razonable, explica Rawls, hay que dejar a un lado lo que él llama «doctrinas comprehensivas» que no son otra cosa que las ideologías o creencias fuertes que no admiten corrección ni interpretación, las posturas inflexibles que abortan cualquier intento de diálogo. En cualquier contienda, las partes tienen que ser capaces de aportar razones, incluso de utilizar un lenguaje que el otro pueda entender y aceptar. De lo contrario, el diálogo es de sordos, nadie escucha a nadie, todos gritan para hacer oír su propio punto de vista.

Las posiciones de principio, las alusiones a Dios, a la Nación, a la Historia, a la identidad de la raza, o a cualquier otro ente mayúsculo, son un obstáculo insalvable para la discusión razonable. Y el problema no es tanto tener principios, como no estar dispuesto a someterlos a examen bajo ningún concepto. Podemos estar convencidos —yo, por lo menos, lo estoy— de que existen principios equivocados. A mi juicio, por ejemplo, se equivocan quienes creen que es un Dios quien debe regular las relaciones humanas y dictar lo bueno y lo malo; se equivocan los defensores del ideal neoliberal de libertad según el cual la redistribución de la riqueza solo debe ser una cuestión de caridad y no de justicia; se equivocan los que apuestan por la independencia de Cataluña como única solución a una ordenación territorial del Estado más justa que la que tenemos. Hay principios equivocados, pero la libertad de opinión es una forma del derecho a la libertad y ha de permitir que uno se equivoque al hacer uso de ella. No es condenable. Lo que sí es condenable y antidemocrático es que ciertos principios dejen de ser vistos como creencias discutibles y se erijan en actos de fe o, lo que es peor, en verdades universalizables. Uno es libre de creer en Dios, de ser neoliberal o de ser soberanista. Lo que ya no es cuestión de libertad y es antidemocrático, porque no es razonable, es tratar de extender los dogmas que uno profesa al conjunto de la sociedad utilizando medidas de fuerza física, política o moral, obviando la discusión mediante razones y argumentos. Las raíces del fanatismo —escribió Richard M. Hare— se encuentran «en el rechazo o la incapacidad para pensar críticamente».[5] Y hay fanatismo o fundamentalismo a muchos niveles, no solo religiosos, y no siempre fuera de los marcos democráticos. Por ejemplo, salvar la vida del paciente es un principio médico indiscutible, pero es un fanático el médico que lo convierte en un principio a ultranza sean cuales sean las circunstancias que rodean a la vida del paciente. Es decir, no es el contenido de los principios lo que hace fanática a una persona, sino su actitud ante esos principios.

Por eso, cambiar las actitudes para adecuarlas a un mundo que dice creer en la democracia y en la justicia como valores universales, ha venido siendo el objetivo ético más importante desde los orígenes del pensamiento reflexivo. Nadie como Aristóteles entendió que adquirir unas virtudes era el meollo de la ética. Una cuestión no tanto de normas y deberes, como de adecuación de la conducta a lo que conviene a la comunidad y al desarrollo del propio ser. Las cuatro virtudes, que luego fueron llamadas «cardinales» —la prudencia, la justicia, la fortaleza y la templanza—, constituyeron el núcleo de la ética aristotélica y después de la moral cristiana, entendidas como la manera de ser y de vivir imprescindible para acercarse a los objetivos de felicidad tanto individuales como colectivos.

Podemos discutir si son esas cuatro virtudes o son otras las que hoy se echan de menos. Desde Aristóteles hasta hoy, las virtudes han devenido en cualidades no exclusivas de

---

5  Richard M. Hare, "Fanaticism and Amoralism", en *Moral Thinking*, Oxford Univesity Press, Oxford, 1981.

unos pocos hombres libres, sino de cualquier ciudadano de un estado de derecho. Además de las virtudes clásicas, hoy se le pide al ciudadano que sea tolerante, solidario, respetuoso o íntegro. Lo que no significa que aquéllas virtudes hayan quedado obsoletas. Es más, si las cuatro se hubieran tenido más en cuenta en los últimos tiempos, los desastres de la crisis financiera vivida recientemente no hubieran alcanzado las dimensiones que han tenido. No es exagerado decir que, en el clima de desregulación y de irresponsabilidad que se impuso globalmente, sin que nadie se atreviera a poner límites, no hubo el menor atisbo de prudencia ni de templanza, que faltaron buenas dosis de fortaleza o de coraje para tomar las decisiones políticas que hubieran sido necesarias para evitar los desafueros, y que la justicia (o la equidad) fue la virtud menos tenida en cuenta por las clases dirigentes, las únicas que tienen en su mano la posibilidad de establecer medidas redistributivas que corrijan los desmanes de los llamados «mercados».

Lo interesante de las virtudes mencionadas, y de la ética aristotélica en general, es que la moderación es la regla. El «término medio», como decía el filósofo, es el criterio de la virtud. Aprender a evitar el exceso y el defecto equivale a aprender a ser buena persona. La persona prudente es la que sabe gobernarse por el término medio, gracias a lo cual tomará las decisiones adecuadas. Requiere una sabiduría que no es solo teórica, sino práctica, la sabiduría derivada del ejercicio constante y de la buena disposición para ajustar la conducta a lo que debe ser, no a lo más apetecible en cada momento. Por su parte, la templanza consiste en aplicar la mesura a los deseos: «De nada demasiado», como rezaba el oráculo. Incluso la valentía y la práctica de la justicia es difícil que prosperen allí donde no preside un cálculo que introduce la moderación en las decisiones. Ser valiente no es ser timorato. Para hacer justicia hay que moderar los impulsos naturales de favorecer primero a los próximos en detrimento de los lejanos. Un concepto griego, *sofrosyne*, resume lo que nosotros denominamos prudencia, moderación, templanza. Es un valor opuesto a la *hybris*, que nombra la desmesura y el exceso. Por la *sofrosyne* se alcanza el equilibrio, la armonía que el cuerpo y el alma necesitan para vivir con sosiego. No olvidemos que la ética aristotélica toma muchas ideas de la medicina de la época, entendida como el equilibrio de los distintos humores del cuerpo.

Aristóteles fue el filósofo que supo centrar la ética en la moderación porque, a diferencia de Platón, le importaba más la realidad que las ideas. Le importaba la experiencia, como a Montaigne. El escenario de la ética era, a su juicio, el del *ethos*, las costumbres, no la razón o el intelecto, pues uno se hace virtuoso con la práctica, no con el estudio ni la contemplación teórica. Lo importante de este matiz nada trivial es que subraya la distancia entre la condición humana, que es finita y limitada, y la divina. Pierre Aubenque, a mi juicio uno de los estudiosos de Aristóteles más clarividente, ha hecho notar mejor que nadie la conexión de la prudencia, una virtud que se aprende con la práctica, con la concepción que Aristóteles tenía de la física y la contingencia humana, en un mundo que no escapa a la fortuna ni a los vaivenes del azar; esto es, a causas que la razón ignora y no puede llegar a conocer. De acuerdo con la doctrina aristotélica, en el mundo supralunar, habitado por los dioses, todo es conocido, todo está ordenado, no hay contingencia ni la virtud hace falta. Pero en el mundo sublunar, que habitan los humanos, todo es contingente y precario. Por eso aquí se impone la prudencia. Hay que ser prudente porque no sabemos con seguridad si actuamos bien, si estamos poniendo los mejores medios para alcanzar nuestro fin en este mundo. Ser prudente implica ponderar, deliberar, contrastar opiniones, porque el término medio, la opción moderada, como se descubre en cada caso, nunca es el mismo para todos ni en todas las situaciones. La virtud de la prudencia es una pieza fundamental de la democracia ateniense, que instituyó un organismo, el *boulé*, el Consejo de los Quinientos, cuya función era deliberar antes de tomar decisiones importantes: lo que deberían hacer los parlamentos democráticos actuales en lugar de enzarzarse en discusiones partidistas. Y lo que intentan, veremos si con fortuna, los partidos de la «nueva política» al querer llevar a la práctica la participación ciudadana como método para no equivocarse demasiado en sus políticas. La democracia es un régimen mediocre, pese a ser el mejor de los regímenes posibles. Mediocre porque las decisiones se confían a las opiniones de intelectos limitados, que están lejos de ser omniscientes.

Aristóteles ha sido visto como un filósofo conservador, que no hizo otra cosa que resaltar las *manners* propias del *gentleman* de su tiempo, como observó Alasdair MacIntyre. No digo que no sea cierto. Pero prefiero recoger la interpretación de Aubenque, que ve en la ética aristotélica no un «racionalismo triunfante», sino un «intelectualismo de los límites». La prudencia aristotélica —la *phrónesis*— no es mera precaución por miedo a decidir, lo que hace es tomar en consideración el supuesto de que el saber humano es limitado y se equivoca mucho. En este sentido, el pensamiento aristotélico se acerca más, siempre según Aubenque, al pensamiento trágico porque «exalta al hombre sin divinizarlo; lo pone en el centro de su ética, a sabiendas de que la ética no es lo más alto, que Dios está por encima de las categorías éticas, o más bien que la ética se constituye en la distancia que separa al hombre de Dios.»[6]

Dicho en un lenguaje menos teológico: la ética es necesaria porque nunca estaremos seguros de tener la razón de nuestra parte. Por eso tiene que basarse en la modestia y la moderación. Esa lección parece que la tenía bien aprendida un personaje que supo combinar ejemplarmente la integridad y la firmeza ideológica con la moderación, lo cual le valió críticas y acusaciones de conservadurismo por parte de sus contemporáneos poco moderados. Me refiero a Albert Camus quien, si no me equivoco, afirmaba que si existiera un partido de los que no están seguros de tener razón, ése sería el suyo. Camus fue un rebelde, pero no un revolucionario. Nunca permitió que las razones de su rebeldía le llevaran tan lejos como para hacer la revolución.

En el primer tomo de la biografía que no pudo seguir escribiendo debido a su muerte prematura, *Le premier homme*, recuerda la visita a la tumba de su padre, muerto

---

6  Pierre Aubenque, *La prudencia en Aristóteles*, Crítica, Barcelona, 1999.

en la guerra y al que apenas conoció. Ahí, dice, empezó su rebeldía, que no era sino «la compasión conmovida que un hombre hecho siente ante el niño injustamente asesinado —algo aquí no estaba en el orden natural y, a decir verdad, no había orden sino caos allí donde el hijo era más viejo que el padre». Una rebeldía producida por lo absurdo de la existencia, que, dice en *El Mito de Sísifo*, «nace de la confrontación entre la necesidad humana y el silencio no razonable del mundo». La rebeldía reacciona contra el absurdo de la existencia, [contra] la incoherencia entre la irracionalidad del mundo y el deseo humano de claridad. Como contrapartida, el rebelde va en busca de una unidad que resuelva el caos. Pero lo singular en él es que permanece en la búsqueda, porque la rebeldía solo es un punto de partida, no el final de la historia: «Aceptar la absurdidad de todo lo que nos rodea es un primer paso, una experiencia necesaria, que no debe convertirse en un callejón sin salida.» En las revoluciones planificadas, por el contrario, la búsqueda de la unidad sucumbe al afán de totalidad. La Revolución Francesa exigía la unidad de la patria. El marxismo buscaba la reconciliación de lo racional y lo irracional, de la esencia y la existencia, de la libertad y la necesidad. Los fascismos quisieron salvar la pureza de la raza. Pero, advierte Camus, «no hay unidad que no suponga una mutilación»: la mutilación de la individualidad y de la libertad. La libertad está en el origen de todas las revoluciones, porque es un elemento imprescindible de la justicia, hasta que llega un momento en que ese ideal de justicia, que la revolución percibe con sorprendente nitidez y sin sombra de duda, exige la supresión de las libertades. Cuando la meta está clara, la coacción de la ley se banaliza y desaparece. Como se relativiza el sufrimiento de los que son sacrificados en el camino hacia el advenimiento de la sociedad perfecta. Una licencia peligrosa, pues «hacer callar al derecho hasta que sea establecida la justicia es hacerlo callar para siempre, ya que no habrá ocasión de hablar si la justicia reina para siempre». Allí donde se pretende que reine la justicia absoluta, el mundo enmudece, pues «la justicia absoluta niega la libertad».

Camus peleó toda su vida por mantener ese principio. Para explicarlo, le dio la vuelta a la teoría según la cual lo importante son los fines últimos que guían la acción, mientras los medios son meros instrumentos para un final que lo bendice todo. Es al revés: «un fin que necesita medios injustos no es un fin justo.» Son los medios los que prefiguran el fin, nos dicen cómo hay que entenderlo y pueden legitimarlo. Cuando las libertades han sido anuladas, ya no regresan. Cuando los procedimientos dejan de ser democráticos porque desechan las reglas del juego, no se legitima ningún resultado. Jamás se hará realidad la fórmula del comunismo según la cual «hay que eliminar toda libertad para conquistar el Imperio y el Imperio un día será la libertad».

En más de una ocasión, Camus rechazó la etiqueta de existencialista. No era partidario de ir descubriendo esencias, pues pensaba que éstas solo se reconocen en la existencia. Tampoco renegaba de una supuesta naturaleza humana que uniera a todos los hombres, pero estaba lejos de pensar que alguien pudiera encerrarla en una definición esencial. Es el encuentro con hombres y mujeres de carne y hueso, el encuentro con condiciones de sufrimiento y de injusticia, lo que nos acerca al significado de esas palabras inmensas cuya grandeza, sin embargo, siempre será una «grandeza relativa». Pero si las esencias no son nada, tampoco cree Camus que seamos solo existencia. Su rechazo radical del historicismo y de la fe en una historia que es fuente de valor deriva de dicha convicción. Los valores por los que juzgamos la historia siempre están fuera de ella. Precisamente la rebeldía consiste en «el rechazo a ser tratados como cosas y reducidos a la mera historia». Más allá de lo que la historia pueda hacer con el ser humano, éste aspira a ser algo más, no reductible ni previsto por la historia.

Si Camus llegó a diseñar una ética, ésta tuvo como criterio la mesura. Señaló que no puede haber una moral sin realismo, pues la virtud pura es inhumana. De ahí que la norma de lo humano tenga que ser la mesura, no la desmesura a la que la desesperación arroja a los revolucionarios: una «desmesura inhumana». Si las revoluciones fueran realistas no desdeñarían la belleza y la creatividad de algo tan contingente y creativo como el arte, pues «los grandes reformadores tratan de construir en la historia lo que Shakespeare, Cervantes, Molière, Tolstoi supieron crear: un mundo siempre presto a saciar el hambre de libertad y de dignidad que está en el corazón de cada hombre». Puesto que la contingencia caracteriza la vida humana, desconfiemos de quienes pretenden tener razón y hablar en nombre de la verdad.

Tony Judt, en la semblanza que dedica a Camus en *The Burden of Responsibility*, lo describe así: «En una cultura tan decididamente polarizada entre los extremos de la derecha y la izquierda, Camus era inasimilable [...].

El blanco real de Camus no fue por supuesto la izquierda, sino el extremismo político en sí mismo. En *La Peste*, la imagen persistente es la de los hombres que viven en la moderación y la mesura moral, que se revuelven no por un ideal sino contra la intolerancia y la intransigencia.»[7]

Camus no fue un personaje inactivo, perdido en un mar de dudas, todo lo contrario. Fue un personaje incómodo para la corrección política de la izquierda marxista. La duda es el principio de la crítica, de la deliberación, del examen de uno mismo. No equivale a la indiferencia que parece propiciar el desconcierto de nuestro tiempo. Y es un antídoto contra la búsqueda de refugio en soluciones utópicas.

Regresemos al pasado y volvamos al teórico de la duda más canónico: René Descartes. En *El discurso del método*, después de empezar a detallar las razones y pasos que hay que dar para llegar a la verdad, Descartes se permite una especie de pausa, en la tercera parte, para advertir del error de permanecer irresoluto en la acción en tanto no se ha encontrado la seguridad en el juicio. Cuando uno decide reformar su casa, explica, necesita tener otra en la que cobijarse mientras duran las obras. De igual modo, en el terreno moral, que es la guía de la acción, no podemos estar a la espera de encontrar verdades absolutas, hay que agenciarse una *morale par provision*, unas cuantas máximas sensatas, útiles para seguir actuando y para ir examinando lo que se debe hacer. Unas reglas que nos provean de una cierta guía; reglas, por tanto,

---

[7] Tony Judt, *The Burden of Responsibility*, e-book, p. 123

«provisionales», susceptibles de ser modificadas a medida que se vaya descubriendo que no son las adecuadas, pues «habiéndonos dado Dios a cada uno algunas luces para distinguir lo verdadero de lo falso, no hubiese creído ni por un momento que me debía contentar con las opiniones ajenas, si no me hubiese propuesto emplear mi propio juicio en examinarlas cuando llegara el momento oportuno; ni hubiese podido librarme de escrúpulos al seguirlas, si no hubiese esperado no perder ninguna ocasión de encontrarlas mejores, caso de que las hubiese.»[8]

El recurso de Descartes a la *morale par provision* siempre me pareció cercano al «mientras tanto» en que se apoya Spinoza para justificar la construcción del Estado. Sostiene este filósofo que los conceptos éticos, e incluso estéticos —bien, mal, perfección, libertad, belleza, etc.— son parte de un conocimiento no logrado, el conocimiento «imaginativo», el cual constituye un estadio inferior hacia el conocimiento racional que conoce «las causas de nuestros afectos, describe la realidad en lugar de juzgarla». Ahora bien, Spinoza reconoce que raramente los hombres viven «según la guía de la razón» y, sin embargo, hay que seguir viviendo y hacerlo lo mejor posible. Así, concluye: «lo mejor que podemos hacer mientras no tengamos un perfecto conocimiento de nuestros afectos es concebir una norma recta de vida, o sea, unos principios seguros, confiarlos a la memoria y aplicarlos continuamente a los casos particulares que se presentan a menudo en la vida, a fin de que nuestra

---

8   Descartes, *Discurso del método*, tercera parte.

imaginación sea ampliamente afectada por ellos, y estén siempre a nuestro alcance.»[9] Ni Descartes ni Spinoza desconfían del poder de la razón para llegar a la verdad. Solo dicen que la meta está lejos y que, mientras tanto, hay que agarrarse a lo que se pueda para seguir actuando. Nuestra condición humana limitada nos obliga a echar mano de un conocimiento «imaginativo, que quiere decir, dialogante, revisable, precario»[10]. El gran valor que se nos otorga y que nos confiere dignidad como humanos es la autonomía para escoger y decidir, con todos los riesgos que ello comporta.

Sirva como colofón de esta apología de la moderación, este otro párrafo de Montaigne:

> El pueblo se equivoca. Es mucho más fácil andar por los extremos, donde la extremidad sirve de límite, de freno y de guía, que por la vía del medio, ancha y abierta, y según el arte que según la naturaleza; pero es también mucho menos noble y menos digno de elogio. La grandeza del alma no reside tanto en ascender y avanzar como en saber mantenerse en orden y circunscribirse. Tiene por grande todo aquello que es suficiente. Y muestra su elevación prefiriendo las cosas medianas a las eminentes.[11]

---

9 Spinoza, *Ética*, I, apéndice.

10 Desarrollé esta idea en *La imaginación ética*, Seix Barral, Barcelona, 1983.

11 Montaigne, *Ensayos*, III, XIII.

# 4

## LA BÚSQUEDA DE LA VERDAD

Siempre ha habido escépticos entre los filósofos. El deseo de saber, que impulsa el desarrollo de la filosofía, ha discurrido en paralelo a la incertidumbre sobre el valor y el fundamento de los descubrimientos cognitivos. La tarea del filósofo se ha expresado con frecuencia como una sucesión de interrogantes que Kant sintetizó a la perfección: ¿Qué podemos conocer?, ¿qué debemos hacer?, ¿qué tenemos derecho a esperar? Y, al final de todo, la pregunta decisiva: ¿Qué es el hombre? Las preguntas kantianas resumen un pensamiento que se desarrolla tentativamente y que se distingue de las ciencias empíricas en que éstas dan por supuesto que sus teorías serán verificadas o falsadas por los hechos, mientras que la filosofía se refiere poco a hechos concretos y especula con total libertad. La filosofía ha de aceptar que sus teorías son simples opiniones o creencias, mejor o peor argumentadas, pero creencias al fin y al cabo.

Aun así, necesitamos puntos de apoyo, una serie de convicciones firmes, establecidas y aceptadas, que nos faciliten seguir discurriendo sin tener que volver a empezar en cada caso. Lo que hizo Descartes, dudar de todo como método para encontrar una idea clara y verdadera, no sería lo más conveniente para tiempos pragmáticos como el nuestro. Tampoco lo es llevar el escepticismo al extremo al que lo lleva Hume, cuando pone en cuestión, por ejemplo, el método inductivo en que se apoya la ciencia empírica, porque consiste en una suma de experiencias inevitablemente contingentes. Sabemos que el sol sale todos los días porque ha ocurrido así hasta ahora, pero ¿quién nos asegura que volverá a salir mañana? Así lo plantea Hume. La duda sobre la validez de la inducción lleva a concluir que los hechos nunca son base suficiente para establecer leyes necesarias. Ni lo son tampoco para universalizar nuestros juicios de valor. En conclusión, ni la necesidad física expresada en las leyes, ni la universalidad ética a la que aspiran los juicios de valor son metas del saber que podamos fundamentar definitiva y satisfactoriamente.

Bernard Williams comienza su libro *Verdad y veracidad*[1], con el aserto de que en el pensamiento moderno confluyen dos tendencias aparentemente contrarias. Una de ellas es la voluntad expresa de descubrir la verdad, de no dejarse engañar ni manipular, de ir más allá de lo que las apariencias muestran. El afán de transparencia que ha empezado a ser considerado como la primera cualidad de la buena política responde a ese interés. No obstante, esta exigencia subsiste con la desconfianza generalizada hacia la posibilidad de hallar verdad alguna. Las indagaciones históricas, por ejemplo, muestran el

---

[1] Bernard Williams, *Verdad y veracidad*, Tusquets, Barcelona, 2006.

choque de ambas tendencias. Interpretaciones contrarias o divergentes sobre los mismos hechos parecen dar por sentado que todo es relativo y que la subjetividad de las miradas individuales, o ideológicamente determinadas, es insuperable. Aun así, nos resistimos a conformarnos con la idea de que las distintas visiones no puedan ser contrastadas con una verdad objetiva sobre los datos. ¿Existe la verdad o solo existe la disposición a encontrarla, a decir la verdad, lo que ha venido en llamarse «veracidad», y que se acercaría más a la sinceridad?

Que una cierta verdad existe lo muestra, por ejemplo, el rechazo generalizado que merecen los llamados negativistas y creacionistas. Los que se obstinan en negar que el holocausto judío haya existido nunca, los que se agarran al mito bíblico de la creación del mundo en contra de la teoría de la evolución, son tildados por todos, salvo por ellos mismos, de ignorantes o farsantes. Se niegan a reconocer lo obvio, lo que ya no debiera ser cuestión de duda. Algo similar hay que decir a propósito, por ejemplo, de los derechos humanos. La aseveración de Montaigne de que llamamos bárbaro a lo desconocido no vale, en nuestros días, para ciertos fenómenos de barbarie. El ejemplo más cercano que tenemos es el terrorismo islámico que, como toda forma de terrorismo, viola y minimiza el derecho más básico, el derecho a la vida. Alguna verdad tiene que servirnos de agarradero para distinguir la civilización de la barbarie. Esa verdad se resume hoy en los artículos que componen la Declaración Universal de Derechos Humanos.

Suele decirse que las preguntas de la filosofía son perennes, que son aporías y que son universales. Son así, efectivamente, porque carecen de respuestas definitivas, suelen dar lugar a afirmaciones aparentemente contradictorias y son inherentes al discurrir humano. La pregunta por el significado de la justicia está ya en los presocráticos y sigue siendo una pregunta medular de la filosofía de nuestro siglo, con formulaciones e intereses nuevos, adecuados a cada época, pero sin que decaiga el concepto originario de justicia. ¿Qué es justicia? ¿Dar a cada uno lo suyo? ¿Y si quien reclama lo suyo es un delincuente y lo que reclama es un arma, habrá también que dárselo? Con este interrogante empieza *La República* de Platón y, hasta ahora, no hemos conseguido dar con una definición de justicia al gusto de todos. Ejemplo del preguntar filosófico son las preguntas de la filosofía crítica de Kant, mencionadas más arriba. De todas ellas, lo dijo él mismo, la más importante es la última: «¿Qué es el hombre?» Efectivamente, toda filosofía puede entenderse como el intento sostenido de desentrañar en qué consiste eso que llamamos la condición humana. No la «naturaleza humana», puesto que no existe tal cosa desde que desechamos por inválida una supuesta «ley natural» como base de los deberes más intrínsecos al ser humano. Lo que hay que investigar es la «condición humana»; a saber, cómo hemos concebido y cómo debemos seguir concibiendo eso que llamamos «humanidad». Como ha recordado Eugenio Trías[2], es lo que Ortega y Gasset se pregunta en *El tema de nuestro tiempo*: cuál es el perfil característico del

---

2 Eugenio Trías, *El hilo de la verdad*, Destino, Barcelona, 2004, cap. III.

hombre del siglo XX, el que Ortega caracterizó como el
«hombre masa».

La pregunta por la condición humana como pregunta
filosófica mezcla inevitablemente lo que el hombre es y
lo que debería ser. Es una pregunta ética. No se limita a
describir funciones ni conductas, sino que las confronta
con una idea transida de valoraciones, una idea normativa. Para decirlo con el lenguaje de Kant, el *fenómeno*
humano contiene un *nóumeno* que no percibimos pero
desde el cual juzgamos la pertinencia de los fenómenos,
de lo que aparece y percibimos. Pues bien, un párrafo
de la *Antropología* de Kant señala con claridad que ese
*nóumeno* reside en las palabras. A pesar de todas las
degradaciones que muestra la condición humana, se lee
allí, «nos quedan las palabras», palabras que nos despiertan y desvelan el engaño y la falta de adecuación con
lo que debería ser en los que vivimos permanentemente.
Esas palabras que son construcciones humanas, sociales,
dotadas de significados volubles, están ahí para poner
límites, para recordar que no todo es lícito. Dignidad,
libertad, igualdad, los pilares de los derechos humanos,
son conceptos abstractos, pero no abiertos a interpretaciones del todo arbitrarias.

Cuenta Anthony Pagden, en su intento de rescatar los
valores de la Ilustración, que algunos ilustrados, como
Montesquieu y Diderot, fueron singulares detractores de
la cultura china, al contrario de otros contemporáneos
suyos que la admiraban. No por exótica ni distinta a la
nuestra (Montesquieu destacó precisamente en el esfuerzo
de mostrar lo absurdo del pensamiento etnocéntrico),
sino por ciertos rasgos que la hacían intelectualmente

pobre y corta de miras. Uno de ellos era la escritura. Una civilización que no había sido capaz de inventar el alfabeto (una «invención casi divina», según Commodore Anson) estaba condenada a invertir gran parte de su vida en aprender los símbolos necesarios para poder referirse a cada minucia de la vida. «Carecían de los recursos y de la inclinación no solo para interpretar, sino incluso para desafiar, la ciencia heredada de siglos pasados.» La única ciencia que podían tener —terciaba Diderot— era la del lenguaje, y un lenguaje «apenas suficiente para la vida cotidiana». Cuando el hombre asciende al conocimiento científico, añadía más tarde Wilhem von Humboldt, «la escritura pictográfica sencillamente no puede sobrevivir mucho tiempo». En suma, el lenguaje de los chinos era «un lenguaje petrificado».[3]

La crítica me recuerda el cuento de Jorge Luis Borges, "Funes el memorioso", un personaje capaz de recordar con todo detalle y singularidad todos los instantes de su existencia. Una memoria tan prodigiosa no es ninguna ventaja sino un engorro, pues arruina la capacidad de pensar al no poder recurrir a la analogía entre las distintas cosas, que hace posible la abstracción. Nietzsche, en su crítica corrosiva y generalizada, arremete contra la verdad en general porque su base es el lenguaje que se nutre de abstracciones. Solo el nombre propio nombra a un solo individuo y dice quién es. Por el contrario, los nombres, no en vano llamados «comunes», son generalidades —árbol, color, honradez— y, como tales, no pueden dar cuenta de

---

[3] Anthony Pagden, *The Enlightenment: And Why It Still Matters*, Random House, Nueva York, 2013, cap. 6.

la individualidad de cada árbol, de cada uno de los colores con sus diferentes matices, de cada ejemplo de honradez, porque cada una de tales singularidades es única, irrepetible e innombrable desde la abstracción.

Pero Nietzsche se equivocaba cuando decía que «no hay hechos, solo interpretaciones». O no matizaba suficientemente. Los hechos nos vienen interpretados, es cierto, y toda interpretación es selectiva, pero ello no significa que no existan. En cualquier caso, esas interpretaciones también son aspirantes a un grado mayor o menor de verdad, no basado tanto en unos hechos puros inasequibles al conocimiento, sino en el consenso, en las reglas del mismo lenguaje, gracias a las cuales, como supo explicar mejor que nadie Wittgenstein, podemos entendernos. Más adelante me referiré por extenso a esta cuestión fundamental para determinar las verdades de la ética y la política.

Puede que los derechos humanos sean ficciones, «ficciones con zancos», como los caracterizó Bentham, para poner de manifiesto su poca utilidad práctica. Pero son ficciones convenidas mayoritariamente como necesarias para que la condición humana no deserte de la dignidad que le ha sido dada. Así lo entendió Pico della Mirandola, en la mejor definición de dignidad que se ha dado nunca. El hombre —escribió en la *Oratio*— tiene una dignidad de la que carecen los brutos (animales no humanos, se dice hoy), porque es libre de escoger cómo vivir, y, al hacerlo, puede ascender o descender, elevarse o rebajarse. Los derechos universales y los valores que los sustentan marcan las pautas que nos permiten decidir si la condición humana se eleva o se deteriora.

¿Son o no son universales los derechos humanos? *De iure*, sí, son exigencias declaradas como intrínsecas a lo que significa ser humano. *De facto*, es evidente que distan mucho de verse realizados. Pero no hay que confundir los dos niveles. El lenguaje valorativo —la dignidad, la libertad y la igualdad, para limitarnos a lo más básico— es normativo, expresa un deber ser, no nombra lo que es ni lo que hay. Es ese lenguaje que, a juicio de Kant, permanece y nos permite valorar lo que ocurre. Dichos valores básicos son, pues, universales en cuanto deberes o exigencias. Y lo son porque ellos definen lo que debe ser la condición humana.

Uno de los filósofos que en el mundo contemporáneo ha representado mejor el espíritu pragmático y escéptico de la posmodernidad es Richard Rorty. Nadie como él ha puesto más en cuestión la aspiración a reivindicaciones universales, propia de la filosofía, como una aspiración inútil. Tan inútil como la filosofía misma —que él no ha dejado de hacer, dicho sea de paso. Conocido es el aserto que dio título a uno de sus escritos más celebrados, "La democracia antes que la filosofía". Heredero de la tradición pragmatista de John Dewey, Rorty siempre desconfió de la teoría y de las ensoñaciones filosóficas, para subrayar que la práctica es la mejor forma de convencer de una supuesta verdad. En tal sentido hay que entender también su afirmación: «Si nos preocupamos de la libertad, la verdad se ocupará de sí misma.» Dicho con cuestiones concretas, no podemos expresarnos libremente contra el sexismo, el racismo, el fanatismo, la pobreza, sin referirnos a los efectos degradantes, indignos, de estas formas de discriminación. Ahí está, pues, la verdad como producto de la libertad de expresión. Los derechos humanos son, a juicio de Rorty, «tan poco "objetivos" como los *quarks*, pero unos y otros son indispensables, en los debates del Consejo de Seguridad de las Naciones Unidas o en los de la Royal Society.»[4] Es decir, los derechos humanos han contribuido a tejer una idea de moralidad que es la más aceptada, la más convincente de todo lo que hemos sido capaces de concebir.

Algo parecido comenta Stephen Toulmin en su *Regreso a la razón*, donde se propone reconciliar el racionalismo con el pragmatismo. Existen principios racionales, pero lo que debe hacer la filosofía es saber adaptarlos a situaciones nuevas sin renunciar a ellos. Toulmin examina el desarrollo que ha experimentado la filosofía moral al tratar de responder a los interrogantes surgidos de la práctica médica y de la biomedicina, a medida que los pacientes y la ciudadanía en general se han ido volviendo más autónomos para tomar decisiones y más exigentes con los servicios sanitarios y la inversión pública en investigación. No es fácil combinar la habilidad técnica de la medicina con la sabiduría moral que puede aportar el filósofo. La llamada «ética aplicada» no puede encerrarse en una argumentación teórica aislada de las interpelaciones prácticas. No consiste —explica Toulmin— en la aplicación de cálculos racionales, sino en «respuestas del corazón» a la percepción del abandono, la indigencia, la crueldad y todo género de maldades. Toulmin nos recuerda lo que dijo Aristóteles: que «la crueldad

---

[4] Richard Rorty, *Verdad y progreso*, Paidós, Barcelona, 2000, p. 19.

se reconoce al verla», como se reconoce un triángulo.[5] Existe un debate, entre los expertos en bioética, sobre si ésta debe basarse en grandes principios o partir de la realidad, del análisis de casos concretos. De hecho, no son dos opciones excluyentes, sino complementarias. Partir del caso concreto, analizarlo y evaluarlo, supone tener en mente unos valores incuestionables, de la misma forma que un médico, para hacer un buen diagnóstico y aplicar un tratamiento, no puede prescindir del conocimiento científico que avala ambas cosas. Pero también es cierto que si especulamos solo con los principios para decidir, en abstracto, qué es la justicia, la igualdad o la dignidad, si no hacemos el esfuerzo de descubrir en qué medida esos principios fallan en las situaciones concretas, la especulación teórica pierde gran parte de su sentido y carece de influencia.

Volvemos al pensar ilustrado, incluso transitando por vericuetos posmodernos. Si la crueldad se reconoce al verla o, como dice Rorty, ser liberal significa creer que lo peor de este mundo es la crueldad, esa convergencia de puntos de vista solo puede deberse a la común humanidad, a la interrelación y a la «simpatía» que existe como un dato indiscutible entre los seres de la misma especie. Algo nos une y la filosofía —también la política— está para descubrirlo, nombrarlo y mostrar qué lo hace válido y merecedor de ser conservado. Si algo significa que somos racionales, y que la racionalidad, el *logos*, se manifiesta en el uso del lenguaje, ha de ser posible distinguir la razón

---

5 Stephen Toulmin, *Regreso a la razón*, Península, Barcelona, 2003.

de la sinrazón, afirmar que la declaración de derechos humanos es la expresión más idónea de la racionalidad humana. Ser plurales no significa ser irreductiblemente diferentes, sino descubrir que existe un fondo común desde el que es posible reconciliar las diferencias a través del debate, la conversación y el diálogo. Gracias al conflicto y a las discrepancias funciona la democracia como búsqueda del bien común.

Protágoras, el más grande de los sofistas, es sobre todo conocido por su rotunda afirmación de que «el hombre es la medida de todas las cosas». Tal referencia al «hombre» debe ser entendida no en apoyo a un relativismo que señala a cada individuo como medida y criterio de realidad o de valor, sino al genérico ser humano. La afirmación de Protágoras es el precedente de la luego llamada «construcción social de la realidad», tesis según la cual no existe una realidad al margen de nuestra manera de verla e interpretarla. Para poder apuntalar unas ciertas verdades que nos permitan progresar en el conocimiento no hay otra forma que apelar a que todo conocimiento es intersubjetivo, que es la interrelación e interdependencia entre los sujetos la que va estableciendo las pautas de lo que podemos dar por válido. Al respecto, los sofistas, protagonistas de la primera Ilustración, la de la Atenas del siglo V a. C., tuvieron muy claro que nos movemos en el ámbito de la *doxa*, de las opiniones, más que en el de la *episteme*. Para ellos, las leyes que distinguían lo correcto de lo incorrecto eran *nomoi*, pertenecían al terreno de lo convencional y no de lo natural o de la *physis*. Ello explica que los *nomoi* difieran según las culturas, ya que gente diferente tiene necesidades y leyes diferentes.

En *Le philosophe ignorant*, Voltaire establece una «Tabla de dudas», de las cuales unas cuantas se refieren a la moral. ¿Es universal la moral?, ¿la noción de lo justo y lo injusto existe en todas las culturas?, ¿desde cuándo? Desde el momento —responde— en que supimos que dos y dos son cuatro:

> Creo que las ideas de lo justo y lo injusto son tan claras, tan universales, como las ideas de la salud y la enfermedad, de la verdad y la falsedad, de la conveniencia o disconveniencia. Los límites de lo justo y lo injusto son muy difíciles de establecer; como es difícil marcar la frontera entre la salud y la enfermedad, entre lo que conviene y lo que no conviene, entre lo falso y lo verdadero.[6]

En efecto, no es inconciliable la teoría de que cada cultura gestará sus propias leyes sobre la base de una singular visión de la realidad, con la de que debe existir una «común humanidad» que haga posible considerar las diferencias desde una perspectiva humana única. Tal fue el sueño de Kant y de la razón ilustrada. El mismo Protágoras tiene una de sus discusiones más brillantes, en el *Protágoras* de Platón, sobre la posibilidad de enseñar la virtud. Para sostener la tesis de que la moral, o la virtud, son absolutamente necesarias, acude al mito de Prometeo en el cual se relata cómo, al recibir de Prometeo la técnica, los hombres fueron capaces de abastecerse de lo imprescindible para sobrevivir. Se proveyeron de alimentos, vestido y vivienda, aprendieron a hablar y a

---

6 Voltaire, *Le philosophe ignorant*, Flammarion, París, 2009, p. 88.

comunicarse, pero vivían dispersos, sin ciudades, pues aunque tenían la técnica, les faltaba el «arte de la política». Tal situación, que amenazaba a la especie humana con la extinción, movió a Zeus a enviar a Hermes a la tierra para otorgar a los hombres dos virtudes morales, el respeto mutuo y la justicia, con la indicación de que ambas virtudes debían ser compartidas por todos los hombres, y no solo por unos cuantos, pues «no podría haber ciudades si solo las poseían unos pocos». Así explica Protágoras que las virtudes básicas, la esencia de la moral, no son intrínsecas a una supuesta naturaleza humana, pero que deben ser adquiridas por todos y cada uno de los individuos. Una forma de decir que, en el mundo civilizado, todos deben poseerlas en un grado o en otro, si bien no son innatas ni connaturales al ser humano[7].

Protágoras brinda así una excelente explicación de la universalidad de los valores básicos de la moral, de los que aporta una justificación pragmática, a saber, la de que solo aceptándolos se cumple el *telos* de la vida social humana, que es la convivencia en paz y bienestar. Salvando las distancias, la propuesta del sofista es la que luego harán Kant y los filósofos ilustrados del siglo XVII sobre la construcción de unos imperativos éticos derivados del uso de la razón.

Solo el carácter abstracto de los valores que definen la ética —respeto, dignidad, libertad, igualdad— permite considerarlos como «verdades» y elevarlos a valores universales, entendiendo por tales aquellos valores sin los

---

[7] W. K. C. Guthrie, *The Sophists*, Cambridge University Press, 1971, pp. 65-66.

cuales la ética no puede concebirse. Ello no obsta, como decía hace un momento, para que aceptemos al mismo tiempo una variedad de interpretaciones del sentido que deben tener esos mismos valores básicos en cada contexto. La Declaración de Derechos Humanos de 1948 es más amplia que la Declaración de Derechos del Hombre y el Ciudadano de 1789. Los valores fundamentales que han de formar el núcleo duro de la ética han evolucionado y se han ampliado, pero siguen siendo vagos en cuanto a la interpretación y la realización concreta de los mismos. Aristóteles decía que la ética no trata de los fines, sino de los medios. El fin de la humanidad, desde el punto de vista moral, es el de un mundo en paz y bienestar generalizado, de igualdad y libertad, de justicia. Esa es la verdad de la ética, el *telos* de la existencia humana. La tarea de la filosofía es ponerlo de manifiesto, y la de la política, averiguar cómo llevarlo a cabo.

Las actitudes fanáticas confunden fines y medios. Dan por supuesto que, conocido y establecido el fin y dando por supuesto que éste es bueno, cualquier medio vale para conseguirlo. La ética laica, y la democracia, aceptan la incertidumbre y la duda, aceptan la pluralidad de opiniones sobre la mejor forma de entender los valores fundamentales. No suscriben el dicho de Napoleón, «lo que es bueno para los franceses es bueno para todo el mundo». Habermas se encargó de dejar claro que el desarrollo de la ética, la discusión pretendidamente racional, solo puede basarse en la comunicación, en la confrontación de subjetividades, cuando nos encontramos en un tiempo en el que «ya no podemos compartir la certeza teórica de Marx ni su confianza revolucio-

naria», como escribe Richard Bernstein. No tenemos más remedio —añade el filósofo— que ir más allá de la objetividad y el relativismo, como han venido haciendo filósofos contemporáneos tan decisivos como Gadamer, Rorty, Arendt y Habermas.[8]
Tampoco podemos confiar demasiado en la provocativa sentencia de Rorty de que basta la libertad para que la verdad se muestre. Al contrario. El precio que pagamos por la extensión de las libertades es, precisamente, la proliferación de fanatismos, de propuestas racistas, de expresiones que están en las antípodas de los valores éticos esenciales. No es que haya que renunciar a la libertad, sino aprender a conjugarla con el resto de valores que también son fundamentales. Y esos valores, aunque parezcan solo palabras sin efecto, deben mantenerse a toda costa, como los referentes sin los cuales no es posible contrastar los discursos de nuestro tiempo. Bernard Williams refuerza esta idea cuando escribe: «No podemos dar por sentada la conclusión optimista de Mill de que la máxima libertad de palabra tiene que ayudar a la emergencia de la verdad en lo que se ha dado en llamar el "mercado de las ideas".»[9] Efectivamente, la búsqueda de la verdad no puede proceder, como hace el mercado, aplicando la ley de la oferta y la demanda, donde predomina el ruido y donde los mensajes compiten por captar la atención y anular a los demás. El consenso generalizado no siempre es prueba de que se progresa hacia la verdad.

---

8   Richard Bernstein, *Beyond Objectivism and Relativism*, Cambridge University Press, 1983.
9   Bernard Williams, *op. cit.*, p. 206.

Tampoco es garantía de verdad la laicidad en contra de la dependencia de una fe religiosa. Las religiones han aportado ideas para el establecimiento de los valores éticos universales, que han sido incorporadas al acervo general porque valían por sí mismas. La Unión Europea fracasó en el intento de redactar una constitución aceptable para toda la Unión, entre otras razones, por la negativa de algunos gobiernos a reconocer la raíz cristiana de los valores fundamentales de Europa. La negativa mostraba la incapacidad de eliminar dos prejuicios irreconciliables: el de considerar que la verdad religiosa era el principio de los valores de Occidente, y el de asumir que todo lo que han producido las religiones es inservible desde el punto de vista racional.

Lo que la Ilustración hizo fue reemplazar una visión cristiana de la condición humana por otra menos dogmática, para afirmar la existencia de unos derechos que nos comprometen a todos en virtud de nuestra humanidad.

Lo cual fue posible —puntualiza Padgen— porque la Ilustración fue «un momento de transformación y consolidación, no un momento de revolución».[10] Por eso fue despreciada por románticos y marxistas y considerada un fracaso. Pero se equivocaron. La Ilustración creó el mundo moderno al eliminar el dogmatismo religioso y poner en el centro al ser humano como artífice de una naturaleza inacabada.

---

10 Padgen, *op. cit.*, loc. 7657.

5

## LOS DOGMAS DE LA TRIBU

Con el nombre de «ídolos», Francis Bacon, en su *Novum Organum*, designó a todas aquellas ideas que obnubilan el entendimiento con un sesgo que distorsiona la percepción de la realidad. Bacon señaló cuatro ídolos: (1) los ídolos *de la tribu*, comunes al género humano; (2) los ídolos *de la caverna*, que proceden de la educación y hábitos inculcados; (3) los ídolos *del foro*, que están en el uso del lenguaje; (4) los ídolos del *teatro*, producidos por filosofías falsas. Los ídolos de Bacon serían lo que vulgarmente llamamos «prejuicios», ideas que damos por válidas sin someterlas a examen. Un filósofo ilustrado, el barón D'Holbach, se refirió a los prejuicios como «la verdadera causa de los males que afligen a la humanidad desde todas las direcciones». Anthony Padgen, de donde tomo la cita anterior, aclara que «prejuicio» es un término jurídico romano que indica el estado en que se encuentra un caso antes del juicio. A los condicionantes que determinan nuestra manera de ver las cosas, y que pueden contribuir a prejuzgarlas, hoy se les llama *frames of mind*, marcos mentales que actúan a modo de filtros de la percepción de la realidad. No son exactamente prejuicios, pero sí conviene descubrirlos en aras a conseguir una visión menos parcial de las cosas.

Pese a los intentos de los ilustrados de limpiar el pensamiento de todos los ídolos que pudieran enturbiar el uso de la razón, los prejuicios no desaparecen. Más bien cabe pensar que, en épocas de incertidumbre, proliferan y responden a la necesidad del individuo de encontrar cobijo en formas de pensar comunes y prefabricadas, que le proporcionan una cierta seguridad. Durante siglos fueron las religiones con sus dogmas las fábricas de prejuicios. Una vez la religión se privatizó y la fe se convirtió en una opción individual y voluntaria, ha habido que encontrar otras referencias sociales o culturales que otorgaran el confort que antes proporcionaba la religión. Es lo que Erich Fromm llamó «miedo a la libertad», que hace que las personas abracen creencias en las que sostenerse. El miedo a la libertad dio pábulo a las creencias comunistas y fascistas, ideologías con pocas ambigüedades y un trayecto de actuación claro. Las ideología fuertes son perniciosas, pero la falta de ideas que ayuden a sistematizar lo que ocurre pone al individuo en una situación de desamparo. Alasdair MacIntyre, autor del celebrado libro *Tras la virtud,* basa su teoría del fracaso de la Ilustración precisamente en la incapacidad de ésta de proporcionar referencias concretas a los individuos, referencias desde las cuales sea posible construir una identidad moral. El pensamiento abstracto, que ha dado lugar a los grandes valores de los que se nutren los derechos humanos, carece de esa propiedad, el individuo no se siente identificado con lo abstracto, sino con lo concreto. Por ello MacIntyre propone la vuelta a la comunidad, a formas de vida cerradas, similares a las de los conventos religiosos, que dispensan a los individuos un entorno favorable, acogedor y convincente para el cultivo de la virtud, y le ahorran el esfuerzo de preguntarse qué hay que hacer y cómo hay que ser en un mundo caótico y confuso.

No hace falta repetir, porque se ha dicho hasta la saciedad, que los nacionalismos románticos, surgidos no por casualidad tras la resaca del fervor ilustrado, suplantaron de algún modo lo que fue capaz de hacer la fe religiosa. La vinculación a la patria, la pertenencia a un mundo exclusivo de unos cuantos, marcado por una cultura, una lengua, unas costumbres propias, el amor a lo que es de uno y no de todos, consiguió la cohesión que las sociedades modernas necesitaban para defenderse a sí mismas, para competir comercialmente y para asegurar la pervivencia. Tampoco hace falta decir que, una vez superadas las guerras de religión que asolaron Europa durante siglos, las guerras del siglo XX fueron guerras entre naciones provocadas mayormente por los imperialismos nacionalistas.

Hay que «aprender a repudiar lo propio para llegar a conocerlo bien», ha escrito Sánchez Ferlosio. Hacer de los sentimientos los elementos de la argumentación no es conveniente. Las abstracciones tienen una función en el conocimiento, pero «no deben bajar al corazón».[1] Para repudiar lo propio hay que examinarlo, hay que pensar. Aquí el maestro es, sin duda, Sócrates, con la imagen del

---

[1] "Andalucismo", en *El alma y la vergüenza*, Destino, Barcelona, 2000.

aguijón del tábano que hace que el alma despierte y se ponga a pensar. Sócrates insiste en esa imagen a sabiendas de que el pensamiento provoca inseguridad y malestar porque tiene que cuestionar las opiniones y las creencias que han sido aceptadas sin crítica alguna. «Pensar —decía Nietzsche— tiene la misma raíz que "pesar": quien piensa, sopesa, evalúa, duda.»

Para calibrar mejor el imperativo ilustrado de someter a juicio los dogmas, los prejuicios o los ídolos, puede venir bien recordar la distinción que hace Ortega entre las ideas y las creencias. La sentencia orteguiana «las ideas se tienen, en las creencias se está» pone de manifiesto que las creencias tienen más profundidad que las ideas, han penetrado más en la mente, lo que facilita que las demos por supuestas y válidas sin ejercer ningún tipo de crítica. Por el contrario, las ideas son construcciones conscientes, más volátiles, precisamente «porque no creemos en ellas». Son los estados de duda los que promueven la producción de ideas. Es el ejercicio del pensamiento el que deja vacíos que piden ser llenados de alguna forma y va en busca de ideas que resuelvan nuestros enigmas.

Por otra parte, quien cree firmemente en un Dios, en la patria o en la nación actúa en consecuencia. Creer en algo implica una práctica coherente con la creencia.[2] La ortodoxia no es sino la conformidad sin matices con el dogma o la doctrina en la que uno cree. La fe ciega no admite la heterodoxia del disconforme. Pero las creencias son frágiles, pues, a diferencia del saber científico, que

---

2  José Ortega y Gasset, *Ideas y creencias*, *Obras Completas*, V, Revista de Occidente, Madrid, 1947, p. 375-405.

constituye una base cierta para la acción, las creencias solo pueden sustentarse en razones. Las razones —escribe Luis Villoro— son lo que «amarra» la creencia a la realidad, como ya se dice en el *Menón*.[3] Ahora bien, si tiene que haber razones para que las creencias se sostengan, esas razones no aparecen si las creencias no han sido previamente pensadas. Al examinar el porqué de una determinada creencia uno encuentra razones para seguir creyendo o para dudar de lo que daba por válido. Dudar es lo que han hecho tantos pensadores y teólogos al examinar su fe. Desde el «si lo comprendes, no es Dios» de San Agustín, al «incomprensible que exista Dios, incomprensible que no exista» de Pascal, pasando por el maestro Eckhart, que fue llamado «El hombre del sí y el no». Por no hablar de los grandes teólogos contemporáneos, como Karl Rahner, que se confesaba cristiano, «pero no a tiempo completo». O de Unamuno, cuando afirma, rotundo: «Fe que no duda es fe muerta.»[4]

Tras la secularización, por incompleta que ésta haya sido, la fe religiosa no se concibe sin el acompañamiento de múltiples dudas, excluyendo, claro está, la «fe del carbonero», que acepta a ciegas los «ídolos de la caverna», transmitidos por la educación y los hábitos. La fe sin dudas es la que no admite más razones para creer que las que le han sido dadas. Por el contrario, las dudas desde la fe han conseguido que cayeran dogmas o creencias antaño asentados, como el de la existencia del infierno, que no

---

3  Luis Villoro, *Creer, saber, conocer*, Siglo XXI, Madrid, 1996.
4  Manuel Fraijó, "Día de difuntos. Avatares de la creencia en Dios", *El País*, 1/11/2015.

hace mucho fue declarado «inexistente» por parte de uno de los últimos pontífices de la iglesia católica. El trabajo desmitificador de la hermenéutica bíblica y de la teología radical de la primera mitad del siglo XX ha dejado una percepción de la fe religiosa mucho más *light*, no en el sentido peyorativo del término, sino en el sentido de una percepción más abierta a diversas interpretaciones de la que fue propia de los tiempos oscuros de los concilios, que sentaban doctrina y eran azote de herejes. Ese proceso secularizador, por el que ha pasado el cristianismo, es el que se echa de menos en el islam, especialmente en el islam radicalizado, que se aferra a su verdad y es inmune a la duda. Más allá de las circunstancias históricas que pueden explicar el resentimiento de unas culturas y de unas doctrinas religiosas respecto de otras, el islam adolece del proceso de privatización de las creencias religiosas por el que pasó el cristianismo. Gracias a la Reforma protestante, gracias a la Ilustración, la teología y la fe cristianas han hecho esfuerzos por compatibilizar su doctrina con los valores de la libertad individual. Que los esfuerzos sean insuficientes para depurar a las creencias de todo lo que las hace incompatibles con los valores implícitos al progreso humano, no los descalifica del todo, tan solo pone de manifiesto que la secularización no se ha logrado. Lo que le ocurre al islam, por el contrario, es que no ha iniciado el proceso de privatización, un paso imprescindible para que no sea una amenaza constante lo que Huntington llamó «el choque de civilizaciones», y que quizá sería más exacto denominar el choque entre la civilización y la barbarie.

Porque es de barbarie, o de aproximación a ella, de lo que hay que hablar cuando las creencias se solidifican y se hacen inmunes al razonar y al pensar, que es el *logos*, lo más específico del ser humano. Hanna Arendt, fiel al legado aristotélico que recorre su pensamiento, se preocupó especialmente en calificar la actividad de pensar como lo más distintivamente humano, la condición sin la cual el juicio, esto es, el discernimiento entre el bien y el mal, es imposible. Tal fue la premisa que la condujo a conceptualizar el nazismo con la controvertida expresión «la banalidad del mal». Porque los nazis no eran asesinos, en su opinión, sino individuos que habían renunciado a su condición humana porque habían dejado de pensar, habían dejado de plantearse si lo que «debían» hacer, por imperativo político o administrativo, era bueno o malo, era o no compatible con el punto de vista moral. Perder el punto de vista moral equivale a perder la condición humana. De algún modo, también Aranguren lo entendía así al defender la tesis de que el ser humano no puede ser «amoral», dada la necesidad de elegir a la que está sometido. Podrá elegir bien o mal, pero lo que no puede hacer es esquivar la elección. Las faltas de omisión son faltas, decisiones que dejan de tomarse por desidia o por abandono. Al actuar así, la persona se inhibe de su capacidad de decidir y elegir, de algún modo se inhibe de pensar. Pensar es el único remedio contra los prejuicios, los dogmas, las doctrinas no examinadas, los ídolos no reconocidos, ya que «el pensar es igualmente peligroso para todas las creencias y, por sí mismo, no pone en marcha ninguna nueva».[5]

---

[5] Hanna Arendt, "El pensar y las reflexiones morales", en *De la historia a la acción*, Paidós, Barcelona, 1998.

Aunque el objeto de este libro es poner de relieve las ventajas y las bondades de la duda, hay que insistir en que una actitud dubitativa no es incoherente con el mantenimiento de cierto número de convicciones fuertes. Existen unas verdades éticas, condensadas en tres máximos valores: la libertad, la igualdad y la dignidad, que deben ser entendidos como exigencias inalienables de la condición humana. Dichos valores constituyen el meollo del pensar ilustrado, los criterios de toda argumentación ética y, en condición de tales, deben ser mantenidos por todos y a pesar de todo. Siempre me ha gustado recordar la cita con la que Isaiah Berlin cierra uno de sus clásicos textos sobre la libertad: «Darse cuenta de la validez relativa de las convicciones de uno —ha dicho un admirable escritor de nuestro tiempo— y, sin embargo, defenderlas sin titubeo, es lo que distingue a un hombre civilizado de un bárbaro.»[6] El «admirable» autor de la cita, si no estoy equivocada, es Schumpeter. Tanto él como Berlin fueron dos cabezas liberales que, de acuerdo con el liberalismo que profesaban, solo podían referirse a la «validez relativa» de nuestras convicciones, porque no hay verdades ni valideces absolutas, lo que no les impedía adherirse a ellas sin titubeos. Pues solo haciéndolo es posible plantearse hasta qué punto el discurrir contemporáneo, en todas sus dimensiones —económica, social, moral, cultural—, contribuye a dar solidez a la exigencia ética de la igualdad, la libertad y la dignidad, o, por el contrario, lo que hace es dejar de lado esos valores y subordinarlos

---

6 Isaiah Berlin, *Cuatro ensayos sobre la libertad*, Alianza Editorial, Madrid, 1988, p. 243.

a otros más prosaicos, a los valores entronizados por los intereses particulares.

Estoy de acuerdo con la impresión de que lo que caracteriza a nuestro tiempo es que nos movemos entre dos aguas, la de la falta de convicciones firmes y la del exceso de prejuicios. Lo dicen maravillosamente estos versos de Yeats:

> A los mejores les falta convicción, mientras que
> los peores están llenos de intensidad apasionada.

La ética de principios abstractos, que son los únicos que pueden defenderse universalmente, se sitúa en ese mar de convicciones incuestionables, es cierto, pero poco incentivadoras de formas de vida coherentes con ellos. A esa paradoja se le llama hoy «ausencia de sentido», un vacío que ninguna oferta parece capaz de llenar. Las grandes palabras son manipuladas a gusto de unos y otros, poniendo de manifiesto que carecen de contenido. Si las religiones han ido perdiendo fuelle por querer concretar demasiado el cómputo de deberes morales (los tremebundos «pecados» del catolicismo), la abstracción valorativa en que se mueven las sociedades secularizadas tiene la ventaja de eliminar las discrepancias porque, en definitiva, las tolera todas. La consecuencia es que la pasión desaparece y todo da igual. Solo la vía negativa, el reclamo de los derechos cuando la realidad hace evidente la falsedad de los mismos, consigue despertar los ánimos e incitar a la acción. Es así porque la negación de los derechos se verifica empíricamente, es más concreta que la sociedad ideal que los mismos derechos preconizan.

Es la percepción de las desigualdades, las corrupciones que empañan la democracia, la indignidad a la que se condena a los refugiados, lo que provoca la indignación capaz de motivar críticas y reformas. Para que eso ocurra, la realidad tiene que mostrar con evidencia que los grandes valores no están en ella más que como un vago objetivo que nunca se alcanza. Cuando eso no ocurre, en épocas de bonanza y de satisfacción con lo que hay, la ética de grandes ideales se muestra indeterminada e indefinida, como un conjunto de creencias difusas, una moral de la que es fácil pasar, no tenerla en cuenta, porque la precisión, en todo caso, no está en ella, sino en el derecho positivo que la desarrolla y es lo único que puede ofrecer un mínimo de garantías de realización.

La ética de las convicciones abstractas tiene la ventaja de que admite el relativismo. La igualdad y la dignidad se pueden realizar de muchas maneras, a través de medidas distintas e igualmente buenas. Creer que las desigualdades y las discriminaciones son intolerables tiene que convivir con la dificultad de medir esas desigualdades y discriminaciones. Las preguntas se acumulan: ¿A qué hay que atender en primer término?, ¿a las brechas salariales?, ¿al desempleo?, ¿al desamparo en que vive la mayoría de africanos?, ¿a que tenga que ser Caritas quien da de comer a los más desposeídos?, ¿a la violencia de género? Seguramente todo esto y bastantes cosas más dan nombre a la intolerable desigualdad. Y aún más difícil: ¿Cómo se combaten las desigualdades?, ¿a costa de qué?, ¿hasta dónde debe intervenir el Estado para poner límites?, ¿con qué argumentos? La dificultad para responder a tantos interrogantes de forma satisfactoria, en un mundo donde las potencias económicas y financieras no tienen como prioridad la igualdad, vierte escepticismo y descrédito sobre las convicciones éticas más básicas.

Si las convicciones contemporáneas no generan entusiasmo, lo que sí entusiasma es lo que se encuentra en el extremo opuesto: el fanatismo. A diferencia de la fe en convicciones abstractas, el fanatismo no relativiza nada, tiene claros cuáles son sus fines y qué motiva sus actos —por Alá, por la integridad nacional, contra los herejes. La duda no entra en sus cálculos ni siquiera para considerar que el medio más eficaz para lograr sus fines es la violencia. El terror (en el que también desembocó la Ilustración francesa, la más emblemática, no hay que olvidarlo) se define porque no pone en cuestión la pertinencia de medios violentos para alcanzar unos fines que, en sí mismos, pueden ser opciones aceptables.

El fanatismo es un proceder que no tiene nada de irracional: los fines están claros y también los medios para llegar a ellos. Pura razón instrumental. Grandes masacres para llamar la atención, mostrar el poder que uno tiene, aterrorizar al adversario y disuadirle de seguir con sus perplejidades. En todo caso, lo irracional estará en los fines, aunque también estos pueden enmascararse con los valores éticos de siempre. El terrorismo de ETA actuaba en nombre de la libertad del pueblo vasco. A diferencia del sujeto de convicciones abstractas, perplejo por tener que elegir cómo las defiende, el fanático no elige nada: la doctrina en la que cree, sus prejuicios y sus ídolos, le indican al detalle cómo debe actuar. El actuar fanático no deja espacio ni para el pensamiento ni para la duda.

No hay que pensar solo en las masacres terroristas para señalar al fanatismo. Este se encuentra también en manifestaciones de la vida cotidiana. En un irónico escrito sobre el tema, Amos Oz dice que las universidades deberían organizar cursos de «fanatismo comparado», pues hay fanatismos en todas partes. Unos se expresan de forma silenciosa y en apariencia civilizada. Es el fanatismo —dice Oz, aludiendo a su propia experiencia— de los «pacifistas deseosos de dispararme directamente solo por defender una estrategia un poco diferente de la suya para conseguir una paz con los palestinos».[7] Es el fanatismo que expresa una superioridad moral: si no estás conmigo, no eres un buen israelí, un buen musulmán, un buen catalán. El fanatismo que no admite el diálogo porque parte de unas premisas cerradas a cualquier concesión. Al fanático le falta el esfuerzo imaginativo que presupone la ética: imaginarse uno mismo en el lugar del otro, tratar de entender por qué cada uno quiere lo que quiere. Y, sobre todo, rebajar las propias posiciones para que las del otro también sean posibles y compatibles en un mismo escenario.

Que la actitud fanática suela alimentarse de los dogmas y prejuicios de una religión no predetermina que esa religión tenga que conducir necesariamente al fanatismo. Las religiones monoteístas han sido las más proclives a las actitudes inflexibles. Sostienen que la verdad está en un Dios trascendente y superior cuya autoridad es incontestable y cuyas leyes solo merecen interpretarlas unos

---

[7] Amos Oz, *Contra el fanatismo*, Siruela, Madrid, 2003.

pocos sabios elegidos. Así ha ocurrido con el cristianismo y sigue ocurriendo con el islam. Ambos se debaten por retener a los creyentes en la ortodoxia dogmática. Pero, si bien el cristianismo, incluido el más ortodoxo, convive desde hace tiempo con la democracia, la lectura unitaria de la doctrina islámica se resiste a la permeabilidad con los valores democráticos.

Lo explica bien Philippe d'Iribarne, en *Islam, démocratie et Occident*. A su juicio, el problema del islam en nuestro tiempo radica en la imposibilidad de unir, como ya lo ha hecho Occidente, la aspiración a la democracia entendida como la soberanía del pueblo y la pluralidad de opiniones o el respeto a los derechos individuales. La primavera árabe, en todas sus versiones, ha sido un movimiento de expresión de la soberanía popular. Pero un movimiento que no ha sabido contar luego con los procedimientos que toda democracia pone en marcha para designar, por ejemplo, a sus representantes legítimos. La hegemonía de una forma de pensar, y de vivir, se ha querido imponer sobre la expresión de las libertades individuales. Basta un recorrido por la "Declaración sobre los derechos del hombre en el islam" para darse cuenta de que, si se aceptan sus directrices, el debate democrático es imposible. ¿Cómo puede serlo cuando se afirma que «todo hombre tiene derecho a expresar libremente su opinión *siempre que ésta no esté en contradicción con los principios de la sharia*»? (Artículo 22a).

En opinión de Iribarne, incluso en aquellos artículos en que parece admitirse una pluralidad de opiniones dentro del islam, éste queda subordinado a la búsqueda de unanimidad que es central en el Corán. No hay posibilidad de duda ni de división sin quedar estigmatizado. La certeza está asociada con la unanimidad del pueblo, mientras que se combina mal con el pluralismo propio de la democracia. Aunque en el Corán se lea: «¡No debe haber constricciones en religión!» (II, 256), lo que el contexto general lleva a deducir no es que los incrédulos deben ser respetados, sino que es mejor abandonarlos a la triste suerte que el destino les ha reservado. No es la razón de Descartes la que aparece en el islam, es una «razón divina» que se muestra en el hombre gracias a la intervención de un intelecto agente.

No hay que olvidar que el oscurantismo doctrinal también fue propio del cristianismo. Basta aludir a frases como: «La verdad os hará libres», «Yo soy el camino, la verdad y la vida» o «Quien no está conmigo, está contra mí». Iribarne ve, sin embargo, en los textos bíblicos más apertura y espacio para la duda que en el Corán, aunque solo sea porque son textos de procedencia diversa. Los Evangelios, por ejemplo, son cuatro y cada autor da su versión singular y no siempre coherente con las de los demás. Iribarne cita a Foucault, quien define «la originalidad cristiana como el reconocimiento de una relación precaria con la verdad». Una precariedad —añade— que reconocen asimismo Agustín o Tomás de Aquino. Sea cual sea su pasado, no menos tenebroso que el del islam de la actualidad, lo innegable es que el cristianismo está hoy diluido en un mundo lleno de dudas de las que también participa, mientras el islam se empeña en mostrarse monolítico. Y aunque es cierto que entender la democracia como un régimen de total libertad es ilusorio, sin embargo «para que el funcionamiento de las instituciones democráticas se realice sin demasiadas colisiones, es necesario que el debate de buena fe, y por tanto la duda, formen parte de los esquemas mentales familiares; que el adversario, inspirado por otras convicciones, otros valores, no sea demonizado en exceso».[8]

---

8 Philippe d'Iribarne, *Islam, démocratie et Occident*, UPPR, 2014, e-book, loc. 367 y ss.

# 6

## DEJAR DE PENSAR

«No deseamos las cosas porque son buenas, sino que son buenas porque las deseamos.» Esta sorprendente afirmación, que parece subvertir todo el orden moral, es una de las más conocidas y celebradas de la *Ética* de Spinoza. Y es realmente subversiva porque lo que está diciendo es que es imposible desear lo que no es bueno ni conveniente o útil para el ser humano. O sea, no hay deseos inadecuados que deban ser reprimidos para que la conducta no se desvíe del bien.

La clave para entender el sentido de la afirmación de Spinoza está en su definición del deseo. Lo define como el apetito consciente de sí mismo. A saber, lo primario es el apetito, que es el impulso instantáneo que nos lleva a desear algo. El hombre, a diferencia de los animales no racionales, se distingue porque es consciente de sus apetitos, lo que significa que puede o no convertirlos en deseos. La apetencia de beber un vaso de agua cuando se tiene sed, de arrimarse al calor del fuego cuando hace frío, de buscar compañía cuando uno se siente solo, se formula en la forma de un deseo que lleva a buscar agua, encender el fuego o llamar a un amigo. En todos los casos, se trata del deseo de combatir una cierta adversidad que incomoda. Desear es necesario, porque sin deseo no hay acción. Por eso entiende Spinoza que el deseo siempre lo es de algo bueno, de algo que «conviene a la naturaleza», para decirlo con el lenguaje del filósofo.

Esta y otras ideas similares llevan a Spinoza a construir un sistema ético en el que la razón y el afecto van juntos. No es la razón la que ha de reprimir los afectos, más bien éstos han de ser transformados, no extinguidos, para que la guía de la razón sea efectiva. El deseo es imprescindible porque mueve a actuar, a buscar aquello que se concibe como bueno y que puede ser expresado como objeto del deseo porque no estamos hablando de un mero impulso, sino de un deseo que, como tal, es consciente. Al decir «quiero tal cosa», es un sujeto quien habla, un sujeto que, además de afectos, tiene razón y lenguaje, instrumentos que le permiten hacer explícito lo que siente que le apetece, convertirlo en palabras, y al mismo tiempo razonarlo, ser capaz de dar razones de por qué quiere lo que quiere. En principio, Spinoza no admite la dicotomía tradicional entre deseos buenos y malos, o entre desear lo que se debe y desear lo que no se debe hacer. Contra la moral de tradición cristiana que se ensaña en poner límites al deseo («No desearás los bienes ajenos», «no desearás a la mujer de tu prójimo»), la ética de Spinoza entiende que el deseo en principio es positivo, porque potencia la acción y ésta no puede tener otro fin que el que impone la ley del *conatus*, único imperativo ético que admite el filósofo y que es, al mismo tiempo, una ley de la naturaleza: «Toda cosa se esfuerza cuanto está a su alcance en perseverar en el ser.» Desear algo es desear seguir viviendo y vivir mejor. Ese y no otro ha de ser el objeto del deseo. Y también de la ética.

Aunque a primera vista pudiera parecerlo, lo que Spinoza se propone no es una apología de los apetitos en estado bruto, sino la constatación de la importancia del deseo para el progreso humano. Piensa que los criterios del progreso no los fija una idea del bien o de la perfección extraña a la naturaleza humana, ni unas normas sobre lo que es bueno establecidas por un ser trascendente. Los fija el sentido de la utilidad que todo ser vivo tiene y que es la que sirve para definir lo bueno: «Entiendo por bueno lo que sabemos con certeza que nos es útil.» Una afirmación que conviene leer al lado de esta otra: «Nada es más útil al hombre que el hombre.» Es decir, no estamos hablando de utilidad personal o singular, sino colectiva, de lo que es útil a la humanidad como tal. Si los apetitos son lo que mueve al ser humano, hay que tener en cuenta que «los hombres que buscan su utilidad bajo la guía de la razón, no apetecen para sí nada que no deseen para los demás hombres, y, por ello, son justos, dignos de confianza y honestos».

Me viene bien traer a colación a un filósofo tan atractivo a la vez que enrevesado como es Spinoza para introducir las contradicciones a las que ha llegado nuestra civilización en su afán por rendir culto a los deseos individuales sin tener en cuenta para nada las lecciones del filósofo. A saber, que si bien el deseo es esencial a la naturaleza humana, lo que no es propio de esa naturaleza, porque la degrada, es el mero apetito que no se plantea la adecuación o inadecuación de su objeto. Lo que hoy llamamos deseo es ese apetito inconsciente que Spinoza considera que es lo que nos aproxima a los brutos, no a los seres racionales.

Una imagen de esa reducción del deseo a los impulsos más primarios la procura el libro de Gilles Lipovetsky y Jean Serroy: *La estetización del mundo*. Retrata el mundo de lo que los autores denominan «capitalismo artístico», que es el nuestro, cuyos centros de máxima atracción son lo que llaman los «palacios del deseo», las «catedrales del consumo»: los grandes almacenes, los centros comerciales, espacios inmensos a donde uno va sobre todo a emocionarse, a avivar el apetito insaciable de adquirir lo último y lo más nuevo. Son los templos del *shopping*, el comercio que ha dejado de ser la oferta de productos necesarios, para devenir un «espectáculo faraónico» donde lo importante no es la calidad de lo que se compra, sino el escenario en que se compra, «la teatralidad o la elegancia del espacio comercial».[1] Son espacios cuya virtualidad consiste en estimular el apetito de comprar, producir deseos que se resisten a pasar por el filtro de las conciencias, pues desear consumir sin freno forma parte de una cultura que nadie cuestiona. En este mundo de ofertas infinitas, solo se plantean dudas superficiales, entre adquirir este o aquel par de zapatos. No se suscita la duda más radical sobre esa condición de seres consumistas a la que el ser humano parece inevitablemente abocado.

---

[1] Gilles Lipovetsky y Jean Serroy, *L'esthétisation du monde. Vivre à l'âge du capitalisme artiste*, Gallimard, París, 2013.

En la cultura del placer y de la satisfacción inmediata de los deseos parece que los valores últimos, que debieran ser los valores morales, se han volatilizado. Esa cultura es otra forma de extremismo incompatible con la duda y el cuestionamiento de lo que se presenta como atractivo y deseable. En el lenguaje de Spinoza, especialmente adverso a las formulaciones abstractas, lo que hoy calificamos como valores morales equivaldría a la «común utilidad» que debería guiar al ser humano. Pero nadie piensa en la común utilidad. Ni siquiera los promotores de la nueva política que han redescubierto el valor de «lo común». La eclosión del *homo consumans*, que es el que produce por ósmosis la economía de consumo, deja poco espacio para el *homo cives*, el ciudadano que se sabe miembro de una comunidad en cuya mejora y progreso moral debiera tener alguna parte.

Se ha escrito mucho sobre la atomización del individuo en las sociedades liberales, sobre ese individualismo que, en sus albores, fue una señal de progreso y de primacía de la libertad, pero ha devenido en mero egoísmo. No obstante, y los autores recién citados comparten esta idea, no es del todo cierto que, al lado de la universalización del mercado no se haya producido la de los derechos del individuo que, aunque no siempre lo parezca, gozan de un consenso cada vez mayor. Los valores morales no han desaparecido, al contrario, son más mencionados que nunca. Nunca como ahora se habían producido tantas denuncias por causa de las injusticias, las violencias domésticas, la esclavitud infantil, el desamparo de los migrantes. El afán de universalizar los principios fundamentales ha discurrido paralelo al reconocimiento de las diferencias culturales, con el fin de separar las desigualdades discriminatorias que deben ser corregidas, de las meras diferencias que deben ser reconocidas o sencillamente toleradas. Hoy el dominio ético es plural y democrático. Las cuestiones conflictivas que tienen que ver con diferencias religiosas o ideológicas, no se resuelven en las iglesias ni remiten a viejas doctrinas, sino que se discuten en el espacio público. La profusión de medios de información estimula la empatía con las miserias ajenas, los medios son agentes de sensibilización, superficial, es cierto, pero por algo se empieza.

Por otra parte, el frenesí y la aceleración a que empuja la continua competencia son un serio obstáculo para el cultivo del pensamiento y de la duda. Al poco de extenderse el *fast food*, aparece el *slow food* y el lema del *slow* pugna por encontrar su lugar en medio de la vorágine que arrastra a los individuos. Junto a la adquisición imparable de móviles y tabletas a los que estar enganchado todo el día, se anhela un nuevo arte de vivir, con más silencios, más lentitud, tiempo para la meditación, menos prisas y menos ruido. Es cierto que ese arte no acaba con la aceleración ni con el consumo desenfrenado, solo es un paliativo, un recurso a utilizar cuando uno lo necesita. Un recurso, incluso, tan susceptible de mercantilización como los hábitos que intenta combatir.

Aun así, aun cuando es difícil cambiar de paradigma y darle un giro radical a la forma de vivir, no es justo afirmar que la crítica al desenfreno de la civilización y a los despropósitos que propicia no se haya hecho. Ahí están, en el extremo, todos los movimientos anticapitalistas que no han cesado de extenderse y hacer proselitismo desde que empezó la corriente «altermundialista». Otro mundo es posible y, aunque el ideal quede lejos, es posible recuperar la conciencia de los deseos y seleccionar los apetitos en función de lo que nos conviene o no como humanidad.

No quedarse en el apetito, pasar al deseo consciente y razonado, como pide Spinoza, significa superar la obsesión por la cantidad, típica de un mundo que todo lo contabiliza, a favor de la calidad. El anglicismo «calidad de vida» ha venido a ser una expresión con la que nombramos el vivir como es debido, sin estridencias ni exageraciones, con las necesidades básicas aseguradas y con instrumentos para superar el sufrimiento. Una vida sencillamente humana, al nivel de nuestros límites, sin pretender ignorarlos, pero sin dejar de tener un cierto dominio sobre lo que nos limita. La bioética ha iniciado una reflexión sobre las maneras de hacer frente a las limitaciones corporales, sin negarlas, pero humanizándolas. El dolor, la enfermedad, la discapacidad, la muerte son parte de la condición humana. Empeñarse en que la existencia mantenga una cierta calidad a pesar de cuanto pueda sobrevenirle implica echar mano de cuantos recursos ofrecen la ciencia y la técnica para paliar el sufrimiento derivado de la finitud humana. Pero implica también aprender la lección estoica de aceptar lo inevitable y adaptarse a las adversidades con buen ánimo. Si dejar de desear equivale a morir, mantener vivo el deseo tiene que ser la forma de dotar a la existencia de la calidad imprescindible para querer seguir viviendo.

Al cumplir noventa años, el eminente filósofo del derecho Norberto Bobbio escribió uno de los textos más desgarrados que se han escrito sobre la vejez, al que puso el ciceroniano título *De senectute*,[2] pese a que, en su caso, se sentía muy alejado del espíritu que inspiró al filósofo romano. Por la misma época, la conocida bióloga y premio Nobel de Medicina, Rita Levi Montalcini, escribió, a una edad también cercana a la de Bobbio, un libro rebosante de esperanza titulado: *El as en la manga*.[3] Por sí solos, los títulos de ambas publicaciones dicen ya mucho del mensaje lacónico y depresivo del primero, frente al aliento optimista de la segunda. Ponerlos uno al lado del otro muestra que vivir una vida de calidad no depende solo de las circunstancias en que cada uno se encuentra, sino de desear lo que conviene. Leemos en el *De senectute* de Bobbio:

> La sabiduría para un viejo consiste en aceptar resignadamente los propios límites. Pero, para aceptarlos, hay que conocerlos. Para conocerlos, hay que buscar alguna razón que los justifique. No he llegado a ser un sabio. Los límites los conozco bien, pero no los acepto. Los admito únicamente porque no tengo más remedio.
>
> Diré con una sola palabra que mi vejez es la vejez melancólica, entendiendo la melancolía como la conciencia de lo que no he conseguido ni podré conseguir. Es la imagen de la vida como una calle donde la meta siempre está más lejos y, cuando creemos que la hemos alcanzado, no es la que habíamos pensado como definitiva. La vejez se convierte entonces en el momento en que nos damos cuenta

---

2   Norberto Bobbio, *De senectute*, Einaudi, Turín, 1996.
3   Rita Levi Montalcini, *El as en la manga*, Barcelona, Crítica, 1999.

de que el camino no solo no está realizado, sino que ya no hay tiempo para realizarlo, y que hay que renunciar a conseguir la última etapa.[4]

A este texto desalentador solo cabe agradecerle la amarga sinceridad de sus líneas. Está a años luz de este otro párrafo de *El as en la manga*, donde la autora empieza precisamente con una réplica a las manifestaciones hechas por Bobbio:

> Pienso, al contrario que Bobbio, que no debemos vivir la vejez recordando el tiempo pasado, sino haciendo planes para el tiempo que nos queda, tanto si es un día, un mes o unos cuantos años, con la esperanza de poder realizar unos proyectos que no pudieron acometerse en los años de juventud.[5]

A lo largo de su libro, Montalcini se refiere, a título de ejemplo, a una serie de personalidades célebres y longevas. Su tesis es que el cerebro es el «as en la manga» que todas las personas tienen y deben saber utilizar adecuadamente en la vejez. «En el juego de la vida, la carta más alta es la capacidad de valerse, en todas las fases vitales pero especialmente en la senil, de las actividades mentales y psíquicas propias.» Para ello, conviene que no limitemos nuestros recursos con factores tanto intrínsecos como extrínsecos. Es cierto —reconoce la autora— que los factores extrínsecos —el deterioro físico, la dependencia,

---

4   Norberto Bobbio, *op. cit.*
5   Rita Levi Montalcini, *op. cit.*

el dolor, la enfermedad— son incontrolables. Y solo de ellos depende muchas veces el sentimiento de ineptitud y la consiguiente desesperación por ir viendo mermadas las propias capacidades. Pero, en ocasiones, los factores que conducen a la desgana de vivir y a la decrepitud no son solo extrínsecos, sino intrínsecos, los cuales se reducen a la falta de previsión en la juventud y en la edad adulta, al no haberse preparado para ejercer actividades alternativas en la vejez. La síntesis de la teoría de Montalcini es clara: no debemos ignorar, a lo largo de la vida, que algún día tendremos que enfrentarnos a la vejez. Si lo ignoramos, como lo propicia, por otro lado, el hedonismo de la sociedad en que vivimos, es muy fácil que, cuando llegue el momento de tener que echar mano de algunos recursos intrínsecos, porque los otros van desapareciendo, nos encontraremos con la triste realidad de que no tenemos ninguno porque no fuimos previsores ni capaces de almacenarlos. Esa previsión es, a fin de cuentas, el «as» que puede salvarnos en el trance de la vejez.

Solemos referirnos a la vida de calidad cuando advienen los achaques corporales, pero intentar una vida que merezca la pena tiene un alcance más amplio. Vida de calidad es la que no calcula el valor de las cosas por el precio monetario, sino en función de esa «común utilidad» que debería calificar al objeto del deseo. Valorar algo no porque vale mucho dinero, valorar a las personas no por el poder adquisitivo que tienen, valorar un trabajo por lo que satisface y no por la retribución que aporta. Valorar el ser y no el tener, como proponía Erich Fromm. En las sociedades que se consideran a sí mismas desarrolladas, el discurso de la calidad debe imponerse sobre el de la cantidad. Calidad será una mejor distribución de la riqueza para que la cantidad de recursos sea accesible a todos. Y será también un cambio en los estilos de vida que evite, como decía Machado, la confusión propia del necio «que confunde valor y precio».

Veo en la dificultad de guiarnos por un discurso de la calidad la clave del desconcierto en que se encuentra desde hace años la política de izquierdas. Que se haya pasado de hablar de la izquierda y derecha a la vieja y nueva política pone ya de manifiesto que la reforma necesaria está más en la novedad (de las personas, la mayoría de las veces), que en los contenidos. Es una sumisión más a la lógica del mercado donde los productos son valorados más por la novedad que por cualquier otro atributo. Que algo sea nuevo no implica que sea mejor. Explicar por qué un producto o un servicio o una política son mejores que los antiguos requiere dar razones. Pero, en lugar de dar razones, se hace publicidad, la forma de estimular el apetito hacia lo nuevo. Dar razones significa sopesar, discernir, comparar y, finalmente, utilizar la retórica para intentar persuadir. No obstante, la economía monetaria ha hecho del individuo un espíritu calculador, para el que lo que no es cuantificable carece de interés. Interesa más, porque es más fácil de entender una estadística que las razones que explican por qué las estadísticas dicen lo que dicen. Del resultado de unas elecciones preocupa «la aritmética parlamentaria» porque hace difícil conjugar propuestas. Es en la aritmética, no en los contenidos de las propuestas donde se visualiza la dificultad. En suma, y para decirlo con brevedad, la exigencia de calidad es enemiga tanto de la autocomplacencia como de las soluciones simples, es el intento constante de superar lo ya alcanzado y mejorarlo en todas sus dimensiones, no en las más superficiales, que son las contables.

7

## DETERMINISMOS IDENTITARIOS

Los fanáticos no dudan. Se agarran con fuerza a la supuesta verdad de sus creencias. Por eso son inmunes a las razones y no contemplan la autocrítica ni les interesa la crítica externa. Están demasiado convencidos de su verdad. El fanatismo se combina mal con el pluralismo característico de la democracia. Que se combine mal, sin embargo, no implica que los miembros de una democracia eludan con facilidad las tentaciones de abrazar creencias dogmáticas y situarse en posiciones extremas. Hay una contradicción en ello, una paradoja propia de la lucha por el individualismo que identifica a las democracias liberales. Ser libre, dar protagonismo al individuo y no al grupo, es una aspiración implícita en la condición humana; el individuo no deja de anhelar más espacios de libertad y menos normas. Pero ese mismo individuo busca, a su vez, cobijo y amparo, ansía perderse en un colectivo que le indique cuál debe ser el sentido de su libertad. La misma libertad que defiende el reconocimiento y la tolerancia de todas las culturas fomenta que esas culturas se encierren en sí mismas y rechacen como extraños y ajenos los grandes logros de la humanidad. Así, Europa no acaba de encontrar la fórmula para mantener sus logros y valores culturales y evitar al mismo tiempo el choque con culturas sobrevenidas que se empeñan en seguir viviendo a su manera. El ejemplo más reciente de lo que digo es el ridículo que ha hecho el gobierno de Italia al cubrir ostentosamente las estatuas de unos desnudos para evitar que el presidente de Irán sintiera herida su sensibilidad. Respetar al otro, reconocer su cultura, no tiene por qué convertirse en una especie de prohibición de ostentar lo propio.

La secularización ha conseguido que las religiones se privatizaran y perdieran poder político. Aunque, lo que debía ser entendido como un avance en libertad religiosa, ha sido visto por los creyentes más recalcitrantes como una pérdida. Echan de menos que su fe no sea públicamente compartida por lo que se atrincheran en las facciones más ortodoxas e integristas de su religión. Es el ejemplo del *Tea Party* de Estados Unidos. O el ejemplo del islamismo más radical.

Desde que vivimos bajo la amenaza del terrorismo islamista, no deja de plantearse la cuestión, incluso desde dentro del Islam, sobre cuál es la manera adecuada de leer y abordar el Corán, su texto sagrado. ¿Es cierto que el Corán no incluye la violencia que algunos ven en sus versículos?, ¿admite la *yihad* interpretaciones pacíficas y conciliadoras? Philippe d'Iribarne, en el ensayo citado más arriba sobre el islam y la democracia occidental, tiene clara la incompatibilidad entre ambos fenómenos, islam y democracia. A su juicio, cuando uno se sumerge en el Corán, se da cuenta de que «la búsqueda de certezas y de unanimidad constituyen su núcleo. Los portadores de duda y de división quedan excluidos [...] Así, si la certeza asociada con la unanimidad de una comunidad se compagina bien con la soberanía de dicho pueblo, se combina mal con el pluralismo democrático».[1] Una opinión parecida es la de Giovanni Sartori a propósito de la pregunta sobre si existe un islam «verdadero», auténtico, y si es fundamentalista o moderado. A su juicio, el tal islam es inexistente, aunque, añade, «lo importante es saber quién es hoy el islam ganador». Tras hacer un rápido repaso de los estados islámicos que pueden considerarse «moderados», concluye que dichos estados «no son la salvación de Occidente, sino más bien, estados que deben ser salvados».[2]

Es cierto que los textos sagrados no pueden leerse literalmente, que tienen un alto contenido simbólico que debe ser interpretado a la luz de las circunstancias históricas de cada época. Para lo cual, es imprescindible que los intérpretes oficiales eviten lecturas excesivamente dogmáticas. La reforma protestante fue un gran progreso dentro del cristianismo al proclamar la libre interpretación de la Biblia. Hay que recordar que en la época del nacionalcatolicismo, a los católicos les estaba semiprohibida la lectura del Antiguo Testamento. Las grandes y progresistas reformas vaticanas han consistido en ir eliminando todos los dogmas derivados de interpreta-

---

[1] Philippe d'Iribarne, *Islam, démocratie et Occident*, e-book, loc. 194-196.

[2] Giovanni Sartori, *La corsa verso il nulla. Dieci lezioni sulla nostra società in pericolo*, Mondadori, Milán, 2015, cap. 5.

ciones rígidas del contenido de la fe. «Católico» significa universal, pero los valores o principios universalizables del catolicismo son muy pocos y, además, son abstractos, es decir, sometidos a lecturas variables y adaptables a situaciones diversas. El amor al prójimo es un mandato universalizable, pero ¿quién da la interpretación correcta de lo que debe significar en nuestro mundo? El único país en el que se ha logrado una convivencia de la laicidad oficial y la religiosidad de sus individuos es Estados Unidos. Fue de los primeros en proclamar la libertad y la tolerancia religiosa como principio constitucional, lo cual no eliminó la presencia de la religión, sino que más bien la propició. Tocqueville quedó sorprendido, cuando visitó Estados Unidos, de la función activa que la religión tenía en la construcción de comunidades. Tal vez fuera una consecuencia de haber tomado al pie de la letra la teoría de Locke y de Voltaire de que cualquier religión era aceptable salvo el ateísmo. Sea como sea, y salvo excepciones de radicalización extremista, como la mencionada del *Tea Party*, en Estados Unidos lo religioso no solo se combina bien, sino que es compatible con los valores liberales.

El ser humano necesita identificarse con grupos, comunidades más pequeñas y definidas que la amorfa y atomizada sociedad liberal. La familia es el grupo más pequeño y el que brinda a los individuos una calidez mayor. Por eso reviste formas nuevas, pero no desaparece. Fuera de ella, tanto la vida profesional como la ociosa proveen a la persona de identidades varias. Salvo la identidad familiar, que no se escoge, las demás son libres. Aunque hay dos identidades que, en principio, no se forman por libre elección, si bien a la larga puedan ser aceptadas o rechazadas: la religiosa y la patriótica. La identidad religiosa no suele ser libre de entrada, a uno se le educa o no en una religión determinada y, con el tiempo, cada cual decide si desea seguir siendo creyente y de qué forma quiere entender su fe. Una persona madura escoge su fe religiosa o se niega a tenerla.

No es tan fácil decir lo mismo de la identidad nacional, ya que cada uno es de donde ha nacido o de donde decide, si puede, nacionalizarse. En unos tiempos de migraciones abundantes, como los que estamos viviendo, es difícil afirmar que el derecho de cada persona a elegir donde quiere vivir está garantizado. En algunos casos, por lo tanto, podemos hablar de una elección libre, pero no siempre es así. Sea como sea, a lo largo de la vida, el individuo va adquiriendo un sentido de pertenencia, más o menos fuerte, pero inevitable. Lo raro es sentirse cosmopolita y encontrarse a gusto con la idea. El cosmopolitismo es una bella idea que solo unos pocos abrazan con todas las consecuencias. Basta el ejemplo de los primeros cosmopolitas declarados, los filósofos cínicos, cuya radicalidad y extravagancia frente a las costumbres establecidas les llevaba a autoexcluirse de la ciudad. Como Diógenes, que se cobijaba medio desnudo en un tonel y despreciaba con arrogancia a los poderosos. En un mundo organizado territorialmente sobre la base de Estados nacionales, el cosmopolitismo es solo un buen deseo. Como lo es ser apátrida, más una protesta contra el sistema que una posibilidad real. Al fin y al cabo, los Estados de derecho ofrecen al individuo una protección que muy pocos están dispuestos a menospreciar por el ideal de no ser ciudadano de ninguna parte. La realidad es que la procedencia o pertenencia de cada uno marca sus costumbres y determina sus principios. Los mismos principios nacen ya con la impronta de la tradición que los ha hecho posibles. Así, los derechos humanos, aunque hayan derivado en una Declaración Universal, aceptada por un gran número de países de todo el mundo, son una producción de Occidente. Allí se gestaron y se han desarrollado.

Pertenecer a una cultura, más aún cuando esa cultura se confunde con una religión, determina una identidad de la que solo es posible sustraerse con un ejercicio de abstracción y distanciamiento. Desde ese ejercicio es posible considerar otros rasgos y elementos que trascienden las identidades particulares para concentrarse, en cambio, en lo que habría de ser considerado como propio de la identidad humana en general. Nacer, crecer y morir, alegrarse y entristecerse, tener conciencia de lo que ocurre y puede ocurrir, desear vivir bien, compadecerse de quienes lo pasan mal, son elementos distintivos que, en distintos grados, se dan en todo ser humano. Constituyen un conjunto de certezas sobre la condición humana de las que no tiene sentido dudar. De lo que sí dudamos es acerca de la idoneidad de lo que nos produce alegría o tristeza, dudamos de que nuestra conciencia nos dé una versión correcta de las cosas, de que los objetos de nuestros deseos sean los más convenientes incluso para nosotros mismos, dudamos de que los destinatarios de la compasión sean los que realmente la merecen. A medida que las posibilidades de elegir aumentan, crece, en la misma proporción, la posibilidad de dudar. Incluso los fenómenos más biológicos, como el nacer y el morir, no son inmunes a la influencia cultural, ideológica o religiosa, que les da sentidos nuevos. Gracias a las técnicas de reproducción asistida, hoy es posible nacer de muchas maneras. También empieza a ser posible elegir morir a gusto de cada uno, si la expresión «morir a gusto» no es un oxímoron.

Dudar y distanciarse de las varias identidades que nos constituyen es un ejercicio necesario y saludable, para uno mismo y para el conjunto de la sociedad. Alfred Grosser[3] enseña a cultivar ciertas precauciones que juzga indispensables para no dejarse llevar por prejuicios con respecto a aquellas identidades que pueden ejercer un poder mayor sobre el individuo. Una de tales precauciones es olvidarse del «artículo definido», que homogeneiza a las personas, las instituciones y los grupos. Decir que «los catalanes son avaros», «la opinión pública rechaza las políticas de austeridad», «los electores han elegido el pacto», son abstracciones que no aportan ninguna información rigurosa. Se limitan a simplificar los hechos. Tal vez solo haya una abstracción útil, la que dice que «todos los hombres son iguales». Es útil y necesaria porque manifiesta un rasgo deseable de la identidad humana, nos brinda la identidad de referencia —la humana— a partir de la cual habrá que tratar los conflictos de identidades.

Lo que caracteriza a las identidades más problemáticas y conspicuas es que están previamente definidas. Así, un Estado encarna una nación, coextensiva a un pueblo,

---

[3] Alfred Grosser, *Les identités difficiles*, Presses de Sciences Po, París, 1996.

cuyos individuos adquieren una identidad que a otros les está vedada. Parece superflua la pregunta acerca de qué caracteres delimitan un territorio y le dan derecho a erigirse en nación, tener un Estado, establecer unas fronteras. No obstante, si no se diera la pregunta, no existirían los conflictos entre naciones, ni el anhelo de independencia de algunos territorios, ni se habría inventado el multiculturalismo como la deferencia debida a todas y cada una de las culturas aunque se encuentren en una misma nación. La educación es una fábrica de identidades, especialmente allí donde se muestran como más amenazadas y vulnerables. ¿Por qué, se pregunta Grosser, en lugar de producir identidades, la educación no enseña a tomar distancia respecto de la propia identidad? Eso sería formar mentes maduras y críticas y no lo contrario. Una identidad que no se ha puesto en cuestión no es libre. Como escribió George Steiner, los seres humanos no tienen raíces, tienen piernas para moverse de un lugar a otro.

Otro rasgo de las identidades es su exclusividad, pues definen lo propio con vistas a algo que queda fuera de ellas. El católico no es ni protestante ni islámico, y contempla a ambas religiones con prevención o desprecio. El budismo no es una religión monoteísta. El europeo no es ni americano ni asiático. Occidente y Oriente no existirían si no fueran realidades contrapuestas. No se afirma una identidad sin construir otras identidades que necesariamente quedan excluidas de la primera. Es la tesis de Edward Said a propósito de lo que él denomina la ficción sobre Oriente, según la cual el orientalismo es una creación occidental. La consideración de lo propio como normal, el etnocentrismo propiamente dicho, condiciona la mirada de lo otro como algo incomprensible y extraño. Es la pregunta que se hace Usbek en las *Cartas persas*: «¿Cómo se puede ser persa?»

Uno de los progresos habidos a lo largo de la historia de la humanidad es la apertura hacia ideas y costumbres alejadas de las propias. La pregunta de Montesquieu sobre los persas hoy sería impensable, el colmo de lo políticamente incorrecto. Ha sido el liberalismo el que ha producido la apertura en nombre de la virtud de la tolerancia como indispensable para la vida en común. Un valor intrínseco a las democracias liberales es el pluralismo religioso y político. Reconocerlo implica, a su vez, aceptar todas las ideologías y maneras de vivir que se presenten, por incómodas que sean para los autóctonos, siempre que no vulneren los derechos fundamentales. Es el derecho a la libertad, a vivir como cada uno quiera, el que obliga no solo a tolerar, sino respetar a quienes están en las antípodas de las propias convicciones. El fanatismo que se expresa violentamente es incompatible con el pluralismo democrático. La violencia es la falta de respeto absoluto a la libertad del otro. Ahora bien, no son solo las identidades que se manifiestan haciendo uso de la violencia física las que molestan ni las que distorsionan el juego democrático. El ejemplo más claro lo tenemos en las actuales reivindicaciones nacionalistas y en los brotes de partidos xenófobos y racistas en varios países de Europa. Incluso de aquella Europa que siempre fue por delante en la defensa de la tolerancia o de la fraternidad, como es el caso de Holanda o de Francia.

Escribe Hanna Arendt que «la realidad política fundamental de nuestro tiempo está determinada por dos hechos: de una parte se basa sobre las "naciones" y, de otra, está bajo la permanente perturbación y la amenaza integral del "nacionalismo"».[4] En el mundo moderno, la civilización ha renunciado a la pretensión a la universalidad para aceptar formas de civilización particulares, nacionales. La razón está en la identificación del Estado con la nación. Esta ha venido a sustituir lo que antaño representó Dios, de tal forma que el nacionalismo es una nueva forma de religión. Una religión civil cuyo cometido es cohesionar a los ciudadanos de un Estado y mantenerlos unidos en torno a unos ideales comunes. El cemento que proporciona el sentimiento nacional sirve para unir a una sociedad cada vez más atomizada. De esta forma —sigo con Arendt:

> Mientras que el Estado como institución legal asumía como su deber proteger los derechos de los hombres, su identificación con la nación implicaba la identificación del ciudadano con el nacional, de lo que resultaba una confusión de los derechos del hombre con los derechos de los nacionales o con los derechos nacionales.[5]

Dicho brevemente, el Estado se ha identificado con la nación o ha sido conquistado e instrumentalizado por la nación. Lo cual, en el peor de los casos, puede dar lugar, y

---

4 Hanna Arendt, "La nación", *Ensayos de comprensión 1930-1954*, Caparrós Editores, Barcelona, 2005, pp. 255-260.
5 *Ibid.*

ha dado lugar, a derivas totalitarias, y, en cualquier caso, presenta una dificultad de encaje especial entre lo individual y lo colectivo difícil de resolver. Arendt apunta a la idea de federación como la mejor manera de convertir la nacionalidad «en un estatuto de la persona antes que en un estatuto territorial». Lo único que añadiría la identidad nacional al Estado es la característica de que éste ejerce sus competencias dentro de un marco territorial limitado.

El proceso de secularización en Occidente ha dado paso a lo que podríamos llamar «religiones seculares», de las cuales el nacionalismo es una de las más destacadas. La existencia de Estados, en la era de la globalización, entorpece decisiones necesarias para hacer frente a problemas globales, y es así por la adscripción de los Estados a una realidad nacional que les dota de algo añadido al hecho de ser un mero artificio jurídico administrativo. De la misma forma que la religión cristiana supo introducir la libertad individual con respecto a la política y ha acabado privatizándose (aunque algunas expresiones religiosas conserven todavía mucha presencia pública allí donde fueron hegemónicas), lo saludable sería conseguir que el sentimiento nacional se individualizara y no fuera visto como una condición necesaria de la condición de ciudadano que le corresponde a todo individuo que pertenece a un Estado. El gran logro del liberalismo ha sido preservar al individuo de intervenciones del Estado superfluas o que representan un impedimento para la realización de la forma de vida que cada uno elige para sí. Lo que propició la secularización fue la desconfianza con respecto a las apariencias, que se inicia con la duda cartesiana. De esa duda se ha hecho eco también la ciencia desde que empezó a plantearse, por ejemplo, que tal vez la Tierra no era el centro del universo como siempre se había intuido. ¿Por qué no desconfiar también de lo que encubren las identidades nacionales?

Como dijo Kierkegaard, «la duda no es vencida por el conocimiento, sino por la fe, igual que la fe ha traído la duda al mundo». El creyente religioso que ha llegado a interiorizar la fragilidad de la fe puede, a partir de la duda, o bien dar el salto al vacío, que consiste en reafirmarse en la fe, o bien permanecer en la duda y convertirse en un agnóstico. Gracias a haber introducido en nuestro mundo la incertidumbre y la duda, nuestro mundo «es espiritualmente un mundo secular», ratifica Hanna Arendt.[6] Todos los artificios ideados para cohesionar al grupo humano, sea la religión, la nación o cualquier relato ideológico que pretenda determinar el devenir humano, merecen la misma desconfianza que la fe en Dios. Y deben ser gestionados por cada individuo en función de las necesidades y querencias de cada uno. Tratar de hacer de ellos un instrumento de poder para homogeneizar al grupo, y en definitiva instrumentalizarlo mejor, es una forma más de dominación que amenaza con vulnerar las libertades individuales.

Solemos hablar con desprecio del individualismo propio de nuestro tiempo, un rasgo que ha conseguido atomizar a las sociedades en individuos que van cada uno a lo suyo sin sensibilidad alguna hacia un interés general o un bien común. A falta de otra cosa, y producto asimismo de la ideología liberal, la idea de nación ha cumplido la función

---

6  "Religión y política", *op. cit.*

de cohesionar a las personas que debían participar en una empresa común. Opuesto al individualismo, se erige, sin embargo, otro ideal que es el de la «individuación» que significa que un individuo, en un Estado de derecho, «debe devenir sujeto».[7] Para devenir sujeto hay que ser valiente y resistirse al proceso de «normalización» llevado a cabo por los dirigentes de las democracias para evitar el peligro de entropía que amenaza a todo fenómeno humano. Contra dicha tendencia, el individuo debería esgrimir su «irremplazabilidad», la convicción de que su condición de sujeto le obliga a construir una individualidad que lo hace irremplazable porque cada individuo es único. Cynthia Fleury tiene razón al afirmar que es la construcción de la individualidad y no el plegarse acríticamente a la normalización lo que protege el Estado de derecho. Individualizarse es resistirse al poder que siempre acaba siendo dominación: «*Individualizarse*, devenir sujeto, implica salir del estado de minoría en el que uno se encuentra, desde el punto de vista natural y simbólico.»[8]

Individualizarse no significa aspirar a la autosuficiencia. Lo dice muy claro Aristóteles:

> El hombre que es incapaz de ser miembro de una comunidad, o que no siente la necesidad de serlo porque se basta a sí mismo, no pertenece a la ciudad, y por lo tanto es un animal o un dios.[9]

---

7   Cynthia Fleury, *Les irremplaçables*, Gallimard, 2015.
8   *Ibid.*
9   Aristóteles, *Política*, I, 2.

Uno no se construye como sujeto al margen de la intersubjetividad, de la relación con los otros que solo puede brindarle la comunidad. Pero esa construcción tiene que ser propia, hecha desde el distanciamiento de lo que se recibe como dado y de todo aquello que se pretende naturalizar desde la voluntad de conseguir grupos homogéneos. Las naciones se construyeron así, con la ayuda de la educación, de la unificación lingüística, del servicio militar, de todo lo que podía conseguir que el sujeto se viera a sí mismo, por encima de todo, como perteneciente a un conjunto con sentido. Todo nacionalismo se propone «normalizar» a sus miembros. Una comunidad nacional pretende que sus miembros sean iguales, no en tanto sujetos de unos mismos derechos, sino en la asunción de una diferencia cultural que los constituye como nacionales. La suerte de las naciones ha corrido paralela a la de la afirmación del individuo que deviene «individualismo», en sentido peyorativo, porque es indiferente a lo ajeno. La afirmación de la nación como un conjunto de rasgos distintos y dignos de ser conservados, se pervierte al convertirse en la norma que obliga a quien se inscribe en ella a moldearse de acuerdo con lo establecido. Lo diferente pasa de ser algo gratuito y querido, a un imperativo de obligado cumplimiento.

## 8

## EL GUSTO POR LOS MATICES

Desde el principio, los filósofos intuyeron que el camino hacia el conocimiento pasaba por hacerse cargo de las palabras, como le gusta decir a Emilio Lledó, «en el principio fue la palabra».[1] Y explica que ese es el significado del sustantivo *mythos* cuando empieza a aparecer en la *Ilíada:* significa «palabra», «dicho», «conversación». La mayoría de los *Diálogos* de Platón consisten en discusiones sobre palabras, conceptos que se utilizan sin pensar cuál es su auténtico significado. Sócrates se dedica una y otra vez a cuestionar esos usos lingüísticos no examinados, que suelen encerrar contradicciones. El primer libro de *La República* narra una conversación, en casa de Céfalo, entre Sócrates, Glaucón y Adimanto, sobre el significado de «justicia». A partir de la puesta en duda de la definición comúnmente aceptada de justicia —«justicia es dar a cada uno lo suyo»—, se discurre hacia la descripción de la ciudad justa, que es el tema central del texto. Las

---

[1] Emilio Lledó, *Fidelidad a Grecia*, Cuatro ediciones, Valladolid, 2015.

palabras no nombran la cosa, solo nos aproximan a ella, y lo hacen dándole un sentido que determina quien tiene capacidad y poder para nombrar. Es la célebre exclamación de Humpty Dumpty: para conocer el significado real de una palabra, lo que importa es saber quién manda.

Tener voz en el espacio público es tener poder. Desde que existen los medios de comunicación de masas —expresión ya obsoleta en la época de las redes sociales, pero que todavía sirve para entender de lo que estamos hablando—, el poder de la palabra y de la imagen ha crecido desmesuradamente. Lo que en tiempos se conocía y se sabía por mero contacto con el entorno más inmediato, hoy llega a través de una información masiva que pone ante los ojos la representación de lo que ocurre en el mundo entero. Toda información es manipulación, para bien y para mal. Aunque «manipular» no debe ser entendido siempre en sentido peyorativo. La manipulación es inevitable ya que las palabras son las mediadoras entre una realidad incognoscible en su totalidad y nuestra percepción parcial de ella. Los hablantes, los informadores, los opinadores, brindan con su lenguaje no solo el significado estático de unos vocablos, sino el sentido de lo que se quiere decir al usarlos. Wittgenstein escribió que las palabras son como puntos, mientras que las proposiciones son flechas que señalan un sentido. El lenguaje transmite ideología, los conceptos establecen jerarquías, valoran, indican en qué hay que fijarse y detener la mirada.

Edgar Morin acuñó la expresión «imaginario colectivo» para referirse al conjunto de mitos, símbolos, ideas o argumentos que configuran algo así como una mentalidad, una visión del mundo, que comparten los miembros de una sociedad. Son sobre todo los medios de comunicación los que transmiten imaginarios, a menudo de un modo velado, imperceptible para los sujetos que reciben los mensajes. Como una lluvia fina, van calando en el individuo unas maneras de ver la realidad propiciadas por los discursos establecidos, discursos producidos por los intereses políticos, económicos y culturales dominantes. Digamos que los imaginarios se contagian por inmersión en ellos, no hace falta dar explicaciones de por qué un término ha sido sustituido por otro, por qué se empieza a imponer una determinada imagen o por qué unas expresiones empiezan a utilizarse mientras otras caen en desuso. Todo cambio tiene su razón de ser, pero hacerlo explícito complica la eficiencia.

Los regímenes totalitarios han sido especialmente efectivos a la hora de fabricar un lenguaje que configurara la percepción de la realidad y fuera asimilada por los individuos de una manera uniforme sin que éstos llegaran a notarlo. Victor Klemperer, en *La lengua del Tercer Reich*, da cuenta de cómo el ambiente nazi se fue propagando en Alemania de una forma soterrada y sutil. Llegó un momento en que las personas más sencillas y sin asomo de doblez, con sentimientos ajenos al nazismo, «se habían impregnado del elemento del veneno nazi». Lo muestra con el ejemplo de Frieda, una compañera de trabajo en una fábrica donde, subraya, «no reinaba un ambiente particularmente nazi». No obstante, al ser preguntado el escritor por la salud de su mujer, la tal Frieda le espeta, extrañada: «Dice Albert que su señora es alemana. ¿Es realmente alemana?» Klemperer comenta:

Esa alma simplicísima, que sentía de una manera del todo humana y ajena al nazismo, se había impregnado del elemento básico del veneno nazi; identificaba lo alemán con el concepto mágico de lo ario; le parecía casi inconcebible que una alemana estuviera casada conmigo, con un extraño, con una criatura perteneciente a otro ámbito del reino animal, había oído y repetido demasiadas veces expresiones tales como «ajeno a la raza» y «de sangre alemana» y «de raza inferior» y «nórdico» y «profanación racial». A buen seguro no asociaba una idea clara con todo ello... pero su sentimiento no podía concebir que mi mujer fuera alemana.[2]

El problema de esa lluvia fina que hace que expresiones aparentemente inocuas y descriptivas penetren en el alma de cada uno, como quien no quiere la cosa, es que acaban por naturalizar el sentido de tales expresiones. Es así como frases y opiniones desafortunadas, contrarias a los valores que se suponen más establecidos e intocables, como los que proclama la dignidad de todo ser humano, suscitan sentimientos que son aceptados como el modo normal de reaccionar ante realidades hasta entonces incuestionadas o ante situaciones nuevas. Un ejemplo actual de lo que digo lo tenemos en la forma de conceptualizar en Europa los movimientos de refugiados que acuden en busca de asilo y protección. El lenguaje utilizado para nombrarlos, para acogerlos o rechazarlos, produce en los individuos unos sentimientos que no son naturales sino

---

[2] Victor Klemperer, *La lengua del Tercer Reich*, Minúscula, Barcelona, 2001, pp. 143 y ss.

«fabricados» para que la opinión mayoritaria sea la que conviene al poder. Los medios de comunicación públicos han sido criticados a menudo por ser meros transmisores de las informaciones y de los lenguajes que convienen al gobierno de turno. Es la tesis del clásico *Public Opinion,* de Walter Lippmann: la función de la llamada opinión pública es fabricar el consentimiento de los ciudadanos con el fin de que acepten fácilmente las propuestas de los gobiernos. Si en los regímenes totalitarios la construcción de opinión se lleva a cabo sin disimulo, de forma que las mentes más despiertas reconocen de inmediato el engaño, en las democracias se produce de un modo tenue e imperceptible para el que no aguza el oído. Puesto que se cumplen las condiciones formales de una sociedad libre y abierta, los discursos dominantes no se critican, muy pocos los ponen en duda para preguntarse si los sentimientos que suscitan son los adecuados, quién los propicia, por qué y con qué fines.

En mi libro *El gobierno de las emociones*, me propuse desarrollar dos ideas: (1) la importancia de las emociones como motivación del comportamiento moral; (2) la necesidad de amoldar los sentimientos a las directrices de la razón. El comportamiento ético, venía a decir, requiere aprender a gobernar los sentimientos, no eliminarlos como si fueran pasiones innobles o desordenadas, pero sí reconducirlos de forma que se ajusten a criterios racionales. La mayoría de los sentimientos son ambivalentes, pueden ser adecuados o inadecuados para el bienestar de la vida individual y colectiva. Solo algunos sentimientos, como el odio, pueden ser considerados como inapropiados en todos los casos. El miedo al otro, o la vergüenza de uno mismo, por ejemplo, no son sentimientos positivos ni negativos en sí mismos, ambos pueden fundarse en razones coherentes con los principios de la ética o todo lo contrario. Un corrupto o un violador deberían sentir vergüenza de ser como es. No es razonable, en cambio, que un judío tenga que sentir vergüenza por el hecho de ser judío. Es razonable que produzcan miedo los brotes de racismo y la intolerancia; no lo es sentir miedo por tener como vecinos a refugiados o inmigrantes. Saber calibrar el valor de los sentimientos y cómo contribuyen a crear una sensibilidad que merezca el atributo de moral, una sensibilidad no desviada, es el signo de la madurez moral. La razón necesita de las emociones porque por sí sola es fría e ineficaz, carece de magnetismo para atraer a las personas hacia las causas que merecen un entusiasmo colectivo. Por su parte, la pasión pura y desbocada, sin el criterio racional, es mal soporte para la acción colectiva que busca un bien común. Los sentimientos en la vida pública son tan necesarios como peligrosos. Por eso hay que apelar al discernimiento.

Discernir es un término vinculado a la conciencia que puede definirse como la capacidad para discernir entre lo correcto y lo incorrecto. Una función cada vez más necesaria cuando se vive envuelto en una retórica que es la del mercado, que se sirve de la publicidad para vender cualquier tipo de producto. La retórica publicitaria lo ha invadido todo, incluso aquello que no se compra con dinero. Hace las veces de lo que, en tiempos de los sofistas, fue calificado como mala retórica: la que sirve a intereses particulares y no a causas justas. En política, la propaganda sustituye al discurso razonado, porque va directa al sentimiento que es lo que moviliza a la gente. En la era del audiovisual, las imágenes —como advirtió Sartori[3]— han relegado al pensamiento y al razonamiento, por lo que contamos cada vez con más recursos y más efectivos para fomentar actitudes que surgen espontáneamente, que no se ponderan desde ningún punto de vista, y que son obstáculos para la convivencia. Por otra parte, son más sencillos y eficaces los mensajes que pretenden inculcar odio o ira, que los que producen inquietud.[4] Lo prueban fehacientemente los debates televisivos donde el griterío y la descalificación mutuos son la norma.

Las épocas de incertidumbre y de crisis a todos los niveles, como la que estamos viviendo desde que se inició el nuevo siglo, son propicias a reacciones políticas desmesuradas, que o bien se proponen desviar la atención de los problemas que están pidiendo soluciones, o tratan de cohesionar a las personas con enseñas y consignas que movilizan fácilmente porque estimulan las emociones y crean motivos para el entusiasmo colectivo. Ambos fines no son incompatibles, suelen complementarse. Ahora llamamos «populismo» a la tendencia que trata de ganarse la adhesión de las personas a través de ideas simples, de expresiones «anti», que simplemente denigran al adversario. El populismo simplifica lo complejo, quiere hacer creer que existen soluciones definitivas —cambios sistémicos, estructurales, los llaman— para cualquiera de los problemas que se nos plantean, por complicados que sean.

---

3   Givanni Sartori, *Homo videns*, Taurus, Madrid, 1997.
4   R. Neuman et al. (eds.), *The Affect Effects*, The University of Chicago Press, Chicago, 2007.

El nombre antiguo del populismo es «demagogia»: el uso de prejuicios, halagos, promesas para conseguir el poder político. Los filósofos griegos veían en la demagogia el deterioro de la democracia. Un deterioro fácil pues, sobre todo cuando la situación económica y política es difícil, no es raro que aparezca un caudillo o un líder que arrastra a las masas con promesas o con su labia. Los griegos sabían que el gobierno de los muchos podía acabar siendo un gobierno manipulador y utilizar la adulación para obtener beneficios que favorecían a las élites dominantes. Los demagogos —escribió Aristóteles— llevan todos los asuntos al pueblo, «todo está al arbitrio del pueblo y la opinión popular lo está al suyo porque el pueblo los obedece [...] Unas veces los demagogos, para complacer al pueblo, tratan injustamente a las clases superiores, ya repartiendo sus haciendas o reduciendo sus ingresos con las cargas públicas; y otra veces lanzan contra ellas acusaciones calumniosas para poder confiscar los bienes de los ricos».[5] No faltan hoy movimientos y partidos políticos que encandilan a las masas y las hacen vibrar por la vía de la simplicidad que utiliza fórmulas sonoras para evitar lo complejo y lo difícil de explicar.

Víctor Lapuente se refiere a los auges populistas en *El retorno de los chamanes*[6]. Contrapone la figura del «chamán» a la de la «exploradora». El chamán seduce y encandila con promesas de grandes políticas y transformaciones radicales al tiempo que se dedica a desacredi-

---

5   Aristóteles, *Política*, 1292a y 1305a
6   Víctor Lapuente, *El retorno de los chamanes*, Península, Barcelona, 2015.

tar a sus oponentes y señalar culpables de la deplorable situación en que nos encontramos. La exploradora, en cambio, va paso a paso, responde a problemas concretos con propuestas tentativas que son corregidas cuando se comprueba que no funcionan. El chamán, de izquierdas o de derechas, con sus grandes expectativas, paraliza la sociedad. La exploradora, con expectativas menores y más pragmáticas, hace que la sociedad avance. A juicio de Lapuente, que ilustra su teoría con numerosos ejemplos, los países nórdicos europeos tienden a servirse de políticas exploratorias, no dependientes de grandes principios y verdades, sino destinadas a resolver problemas concretos. El sur de Europa, por el contrario, se caracteriza por escuchar a los chamanes y seducir con expresiones consagradas: «postulados socialdemócratas», «tentación neoliberal», «modelo educativo», «identidad local», «democracia cercana». Todo abstracciones que no se sabe a dónde conducen ni indican cuáles son sus implicaciones prácticas. En cambio, en países como Finlandia, Dinamarca o Suecia, que son modelos reales de socialdemocracia y con un estado de bienestar sólido, sus políticos pocas veces invocan principios como el de salvar la socialdemocracia o introducir un modelo educativo. Se concentran en atajar las deficiencias que sufre la ciudadanía por lo que hace a los servicios sociales o a la educación, y normalmente lo consiguen.

Además de hacer bandera de grandes conceptos poco claros, las políticas populistas son maestras en inventar expresiones que configuran esa mente o imaginario colectivo que determina la manera de pensar, sentir y estar en el mundo de los miembros de una sociedad determinada.

En Cataluña, el movimiento independentista que ha irrumpido en los últimos cuatro años no se explica solo por reacción frente a una postura hostil del gobierno español, que también tiene su parte en el enredo. El sentimiento independentista llevaba incubándose muchos años. El llamado «pujolismo» había conseguido «nacionalizar» el país a través de símbolos, imágenes y fórmulas que fueron calando en la gente y construyendo la realidad de una Cataluña ajena a España. El famoso «hecho diferencial», tantas veces esgrimido, ya no necesita una reivindicación fáctica porque las generaciones nacidas en democracia y en el seno del Estado de las autonomías han sido socializadas en la concepción de que Cataluña no es solo diferente del resto de España, sino que no pertenece a ella ni comparte la misma identidad. Expresiones como «Estado español», «Cataluña y España», «TV3, *la nostra*», han conseguido normalizar la sensación de vivir en un lugar que no es exactamente España. En la misma línea, han contribuido a la construcción del imaginario nacional catalán, por ejemplo, la pregunta reiterada a la ciudadanía sobre el grado de identificación con España («usted se siente: (a) más catalán que español; (b) solo catalán; (3) igual de catalán que de español»); la desaparición del mapa de España de las escuelas y del informativo meteorológico (no solo en Cataluña, en cualquier comunidad autónoma); la adjudicación del atributo «nacional» a todas las instituciones públicas (*Teatre Nacional de Catalunya, Museu Nacional de Catalunya, Ràdio Nacional de Catalunya*). Y así, un largo etcétera.

Todas las posiciones extremas que se proponen transformaciones radicales gustan de utilizar expresiones de brocha gorda, que califican la realidad y la clasifican privándola de cualquier matiz. A veces, desde perspectivas más teóricas e intelectuales, se recurre a la abstracción. En otras ocasiones, se utiliza la concreción, la referencia concreta para poner de manifiesto, como decía, que Cataluña no es España. Los países que han visto nacer partidos racistas, contrarios a la inmigración, generadores de islamofobia (algo que, afortunadamente, no ha ocurrido entre nosotros hasta el momento y sí en países teóricamente más «ilustrados»), procuran igualmente introducir el lenguaje propicio para que la población rechace al foráneo. El objetivo es marcar distancia respecto de aquello que estorba, situarse en un plano incontaminado que se identifica con el bien común. Recordemos el apelativo «casta» con que se estrenó el discurso político de *Podemos*. Todos, salvo los excluidos de la sociedad y, por supuesto, ellos mismos, pertenecían a esa oligarquía despreciable. Todas estas posiciones poco matizadas no contribuyen en absoluto a evitar las grandes dicotomías — «izquierda-derecha», «conservadores-progresistas», «separatistas-unionistas» —, sino a potenciarlas.

Los titulares mediáticos y las redes sociales son el abono perfecto para que el lenguaje de brocha gorda se extienda y se naturalice. Consiguen que los prejuicios se mantengan por muchos que sean los argumentos para eliminarlos. De repente, nos extrañamos de que Europa se haya vuelto inhospitalaria y que las buenas intenciones de Angela Merkel de cara a los refugiados no encuentren ninguna complicidad. Merkel ahora es un estorbo para los suyos. Analizar el por qué se ha producido un cambio cultural como este no es sencillo, pero es necesario hacerlo. Analizar el por qué y poner las medidas para atajar actitudes que no pueden ser calificadas de civilizadas. Una de tales medidas es la educación, la formación de una ciudadanía instruida, capaz de pensamiento crítico, dispuesta a examinar los discursos dominantes. Una ciudadanía, diría yo, amante de los matices y no de las consignas ni de los eslóganes de pancarta.

La apelación constante a la educación es un recurso socorrido pero inoperante. Cargarlo todo sobre las espaldas de las instituciones educativas, mientras lo otro sigue igual, es injusto y poco eficaz. Podemos fijarnos en elementos educativos concretos. Por ejemplo, el hábito de la lectura. Educar es, entre otras cosas, enseñar a leer. Sabemos por las estadísticas, informes PISA y *tutti quanti,* que los niños españoles no dan un nivel satisfactorio en lectura, y que los menos niños tampoco destacan por esa afición. La invasión de la imagen no ayuda a la concentración que exige no solo saber leer, sino gozar de lo que se lee. Leer, como ha escrito Alberto Manguel, es una actividad lenta y solitaria, un estímulo para el pensamiento. Un buen lector acaba teniendo criterio para distinguir la buena de la mala literatura. Y aunque llegar a ser culto no es garantía de nada, pues es sabido que los nazis podían ser amantes de la ópera y de la buena música y no por ello dejar de ser criminales, seguramente nos iría mucho peor si los grandes clásicos de la literatura, de la filosofía o del arte, dejaran de despertar interés.

El entorno silencioso que precisa la lectura ha hecho que el lector impenitente sea visto con recelo, como un tipo raro, apartado del mundo, arrogante o distraído, inactivo y ocioso, peligroso en muchos casos. Platón denigró el texto escrito porque creyó que impedía el uso de la memoria. Si los seres humanos aprender el arte de la escritura —le cuenta Sócrates a Fedro—, ésta «sembrará en sus almas la semilla del olvido; dejarán de ejercitar la memoria porque se fiarán de lo que está escrito, y no recordarán las cosas buscándolas en su interior sino por medio de las señales externas». Otros han visto en la condición aislada del lector el peligro de un pensamiento libre, un desafío al poder del signo que sea. La lectura controlada y comunitaria, en voz alta, de los conventos, respondía entre otras cosas al temor a la interpretación libre de los textos bíblicos. El pedagogo francés Juan Bautista de La Salle escribe en *Reglas del decoro en la urbanidad cristiana* (1703): «No imitéis a ciertas personas que se dedican a la lectura y a otros asuntos; no os quedéis en la cama si no es para dormir; de este modo vuestra virtud saldrá muy beneficiada.»

Es un hecho que la lectura ha tenido consecuencias revolucionarias. El gusto por la lectura ha sido visto como uno de los factores que propició la Revolución Francesa. El apoyo ideológico que proporcionaban los ilustrados extendió la lectura a la burguesía, que se cobijó en las ideas, pues eran las que mejor hablaban de sus problemas e intereses. La *folie de la lecture* desencadenada en el siglo XVIII, cuenta Alberto Manguel, determinó el paso de unas lecturas «intensivas» de carácter religioso a un lector «extensivo» abierto a cualquier cosa, laicizado, individualista, moderno: «Los burgueses que impulsaron la Ilustración estaban convencidos de que el camino hacia el bien, tanto inmanente como trascendente, pasaba por la lectura.»[7]

«Una vida sin examen no es digna de ser vivida», profirió Sócrates en el alegato que pronunció antes de entregarse a la muerte a que le condenaron sus adversarios. Nuestro mundo es tan frenético y vive tan volcado en destacar el rendimiento material de lo que se hace, que no deja tiempo ni espacio para la reflexión ni para cuestionarse las razones de los discursos dominantes. El autoexamen al que se refiere Sócrates es absolutamente necesario si lo que nos proponemos, con el desarrollo del conocimiento, es el cultivo de lo propiamente humano. Dicho de otra forma, si queremos poner el conocimiento al servicio de la humanidad. La educación humanística, que se desarrolla especialmente leyendo, puede contribuir a esa tarea de examen y reflexión sobre el quehacer humano.

Digo «puede contribuir» porque no está claro que la enseñanza de las humanidades busque tal fin. Precisamente porque todas las ciencias han tomado como modelo el desarrollo de las ciencias empíricas, es fácil que también las ciencias humanas renuncien a lo que las hace singulares y distintas, a lo que las constituye un fin en sí mismo, que es lo que justifica su defensa. Por una parte, no han sabido evitar su propia fragmentación en especialidades cada vez más pequeñas y ciegas, por tanto, al esfuerzo de las visiones de conjunto imprescindibles para hacer comparaciones y ponderar los distintos puntos

---

7 Alberto Manguel, *Una historia de la lectura*, Alianza/Fundación Germán Sánchez Ruipérez, Madrid, 1998.

de vista. Encerradas en el «especialismo» tan denostado por Ortega, las humanidades no se ponen al servicio del conocimiento en general, sino al servicio de sí mismas, de una reproducción interna de cada disciplina sin ventanas al exterior. Sin embargo, la educación humanista, para serlo auténticamente, debería afanarse en llevar su saber *in partibus infidelium*, estar presente allí donde el pensamiento reflexivo está más ausente porque otros objetivos son más perentorios porque son más prácticos. Si el estudio de las humanidades tiene algo que ver con el «cultivo de lo humano», las humanidades deberían estudiarse a lo largo de toda la educación superior, en cualesquiera de los grados o disciplinas, como instrumento de formación de la persona o del futuro profesional que ha de poder adquirir una mirada rigurosa y competente sobre su materia de estudio, pero también crítica y reflexiva. Lo que, en la gestación de las primeras universidades fue denominado «estudios generales», y que tuvo la función de ilustrar literalmente a todos los estudiantes sin excepción, es lo que hoy deberían retomar como tarea propia las humanidades.

Para la filósofa Martha Nussbaum, el «cultivo de la humanidad», título de uno de sus libros más recientes, tiene que ver con la capacidad de trascender el mero conocimiento factual y analizarlo con sentido crítico, así como con la habilidad para examinarse críticamente uno mismo y las propias tradiciones. Es decir, no tomar lo que se nos dice que son las cosas por algo indiscutible, sino pedir explicaciones y exigir matices. Acostumbrados a los titulares mediáticos, los matices desaparecen. El economista Amartya Sen ha sido siempre un gran defensor del razonamiento moral como ingrediente necesario de la economía y del resto de las ciencias. Una *rara avis* de la economía, sin duda, en los tiempos que corren. Para explicarlo alude al significado sánscrito de la palabra «filosofía» que significa «ver con claridad»:

> La filosofía tiene mucho que ver con aclarar las cosas, no por medio del conocimiento especializado, sino a través del razonamiento. Es posible, por supuesto, ser maravillosamente lúcido y estar por completo equivocado. Sin embargo, la lucidez no ayuda a la supervivencia de las creencias sin fundamentos, las deducciones tontas, los prejuicios infundados o la justificación del sufrimiento innecesario. Bueno, todo esto ya habla a favor de un razonamiento lúcido aun cuando no resuelva todos nuestros problemas.[8]

Un razonamiento lúcido, ¿qué otra cosa puede significar el cultivo de lo que más propiamente caracteriza al ser humano? El *logos*, la esencia de lo humano, se traduce por «razón» y «lenguaje». Pues hablar, cuando no es repetir palabras como un loro, incluye el razonar. En catalán decimos *enraonar* por hablar, esto es, enlazar razones. Aunque tener la palabra perfecta no quiere decir ser consecuente con lo que literalmente significa. También los catalanes, como todo el mundo, utilizamos con frecuencia el lenguaje sin que el uso de la razón interfiera

---

8 Citado por Martha Nussbaum, *El cultivo de la humanidad. Una defensa clásica de la reforma de la educación liberal*, Paidós, Barcelona, 2005.

para nada. Hacerse cargo de las palabras, eso que los filósofos entendían como primordial, es lo que lleva a sospechar, examinar y matizar los discursos establecidos.

9

## LA FILOSOFÍA COMO FICCIÓN

En el prólogo a la traducción de las *Cartas Persas* de Montesquieu, Paul Valéry empieza con una sugerente idea. Dice que cuando se constituye la sociedad, dice, se produce el paso o la elevación «de la brutalidad al orden». Lo que antes eran hechos brutos naturales, ahora es sometido a la constricción de un orden que sitúa a cada cosa en el sitio que debe ocupar. Es el paso de los hechos a las ficciones. Cito directamente al autor: «Puesto que la barbarie es la era del hecho, es necesario que la era del orden sea el imperio de la ficción. No hay poder capaz de imponer el orden solo con los hechos, por simple coacción de los cuerpos a los cuerpos. Se necesitan fuerzas ficticias.» Y aún más: «El orden exige *la acción de presencia de cosas ausentes,* y resulta del equilibrio de los instintos por los ideales.»[1]

El paso del desorden natural al orden social, a las diversas formas con que los humanos han intentado

---

[1] Paul Valery, *Variété I et II*, Gallimard, París, 1924, 1930, pp. 171-186.

ordenar las sociedades en que viven, se materializa en una serie de convenciones y de ideas sobre formas de vivir o de organizarse, consiste en la construcción de una realidad y una conceptualización que establece vínculos imaginarios entre las personas, creados *ab novo*, con el fin de mantener un mundo manejable y ordenado. Dicho de otra forma: toda sociedad es creada desde la ficción de lo que debe ser y todavía no es, toda sociedad es un artificio que se propone realizar maneras de ser y de vivir en común que no emanan de lo que imaginamos como los impulsos más naturales del individuo.

Una de los propósitos de Montesquieu en las *Cartas persas*, un libro considerado primerizo y juvenil, es poner a la sociedad francesa frente a sí misma, con el objeto de hacerla salir del ensimismamiento propio de unos individuos que se creen superiores al resto de los mortales. El mecanismo de ofrecer una perspectiva ajena a la propia —la de Usbek, que encarna al propio Montesquieu— es la mejor manera de hacer ver el absurdo y la extrañeza de las costumbres, la particularidad de las creencias y sentimientos que hasta entonces se daban por supuestas y cuyo valor a nadie se le ocurría cuestionar. El recurso literario le sirve al barón de Montesquieu para ensañarse en una crítica mordaz contra los mitos religiosos, contra los conflictos históricos y las querellas medievales escolásticas, para ridiculizar a unos y a otros, lo que inunda de relativismo su discurso, sin que por ello abandone la creencia en la razón y el progreso, como le correspondía en su calidad de pensador ilustrado.

La perspectiva relativista que introduce Montesquieu bebe de un cierto antinaturalismo o de la convicción de que no existen unas formas de vivir más «normales» que otras porque se ajustan más a las necesidades o querencias de una supuesta naturaleza humana. De ahí la afirmación de Valéry de que el paso del estado bruto al orden social requiere de la ficción. De algún modo, hay que inventarlo. Una ficción que —hay que decir en primer término— empieza y se mantiene en y gracias al lenguaje. Con el mundo social nace la comunicación por el habla, las cosas necesitan ser nombradas y, al tiempo que se ponen nombres a las cosas materiales, también se crean conceptos abstractos. Se crean las ideas de lo justo, lo sagrado, lo legal, lo decente. A partir de ahí se erigen instituciones, símbolos, ritos, costumbres, que desarrollan el contenido de la legalidad, escenifican la diferencia entre lo sagrado y lo profano, determinan los límites de lo que debe ser considerado justo y decente. Un orden siempre es normativo, prescribe límites a las formas de interrelación social, introduce un *nomos* con el objetivo de encauzar un mundo que deambulaba sin rumbo, que no organizaba a sus individuos, porque yacía abandonado a los vaivenes y sinpropósitos de la *physis*.

La segunda idea que sugiere el prólogo de Valéry es que ese mundo social que, a su juicio, es pura «magia», un sistema que reposa sobre una base de «encantamientos [...], sobre escrituras, sobre palabras obedecidas, sobre promesas que hay que cumplir, sobre imágenes eficaces, sobre hábitos y convenciones observadas», ese sistema de «ficciones puras», acabará pareciendo tan natural como la naturaleza bruta e indeterminada. Rápidamente se olvidará cuál ha sido el origen, el devenir y el fundamento del orden y las costumbres establecidas. Fácilmente, los modos de vivir y de actuar se convierten en la única realidad que somos capaces de justificar como lo más natural y verdadero. Por eso, siempre es difícil tratar de introducir cambios y cuestionar el *statu quo*, porque no es visto como una ficción más entre otras y tan poco sólida como cualquiera de ellas, sino que se toma por la realidad misma. La pregunta que sintetiza el espíritu de las *Cartas Persas* (y a la que me he referido ya en otros capítulos de este libro) es la que formula un francés, al final de la carta 30: «Ah, ¿el señor es persa? Qué cosa más rara. ¿Cómo se puede ser persa?» Comentario de Valéry: «¿Cómo se puede ser lo que se es?» Para plantearse una cuestión tan metafísica, es preciso salir de uno mismo, extrañarse de pensar que somos lo que somos. Solo así, a partir del extrañamiento y la distancia, «todo lo social se vuelve carnavalesco, todo lo humano se vuelve demasiado humano, deviene singularidad, demencia, mecanismo, nadería.»

Este proceso de alienación y distanciamiento de lo que uno siempre dio por supuesto tiene la sana virtud de relativizarlo todo. Al presentar como convencional lo que dábamos por válido sin cuestionarlo, lo revestimos de una sospecha de ridículo y de absurdo. Todo deviene demasiado trivial y humano. Además, la visión desde fuera de lo que parecía sólido y parte esencial de uno mismo produce hilaridad. Está bien que nos riamos de nosotros mismos y de nuestras costumbres porque, al fin y al cabo, no son menos raras que las de los persas. Es lo que siempre ha hecho la literatura: introducir desorden donde se suponía un orden, «entrar en la mente del hombre para desconcertar sus ideas». Es darse cuenta de que el mundo de experiencias ordenadas, clasificables y definidas en que vivimos puede desordenarse fácilmente. Todo depende de lo que hagamos con ellas.

Con sus *Cartas persas*, Montesquieu lanza una de las primeras reprimendas históricas a la superioridad y el etnocentrismo de los europeos. Hoy ya no nos sorprende la autocrítica al respecto, aunque tal vez la nuestra aún no sea la autocrítica perfecta, a la vista de algunas de las reacciones que provoca en quienes durante siglos se han sentido oprimidos y menospreciados por la cultura occidental o por las clases dominantes. Unos años antes de la publicación de las mencionadas *Cartas*, un paisano de Montesquieu, Michel de Montaigne, había inventado un género de escritura, el ensayo, que daba cuenta, entre otras cosas, de la confusión e irresolución propias del final del Renacimiento. Cuando Montaigne habla, por ejemplo, de los caníbales, los tupinambá de Brasil, cuenta que es una nación en la que no hay tráfico, ningún tipo de instrucción, no hay jueces ni políticos, ni pobres ni ricos, nadie hereda de nadie, la única ocupación que tienen los hombres —concluye— es la de vivir sin hacer nada. ¿Extraño? Sí, para nosotros que aún vivimos del mito del pecado original que nos condena a trabajar y a sufrir, que convertimos en un derecho fundamental la propiedad privada, que hemos hecho del poder político la forma terrenal de la autoridad divina, y que hemos incorporado al conocimiento de la realidad incontables representaciones míticas tomándolas como si fueran realidades incontestables de nuestra condición. A Montaigne no le sorprende tanto que existan caníbales como la dignidad de los mismos, al no estar domados por convenciones humanas. Es cierto que se comen a las víctimas que matan en la guerra, pero

Montaigne se pregunta «si hay más barbarie en comerse a un hombre vivo que muerto». Comerse a los vivos es lo que perpetran los usureros al chupar la sangre de las viudas y los huérfanos hasta dejarlos casi muertos. Sería mejor que los mataran.

¿Por qué hemos creído ser «el espíritu del mundo», con la ambición de conocer los nombres de todas las cosas y olvidar al mismo tiempo el origen ficticio del lenguaje y de lo que con él significábamos? No es que los filósofos no se hayan ocupado de recordar insistentemente, a lo largo de los siglos, el artificio de sus construcciones. Un filósofo idealista como Platón es muy consciente del carácter ideal, imaginario, de sus teorías. Baste como muestra el final del libro VI de *La República*. Tras acabar la explicación minuciosa de cómo debería ser la ciudad justa, un escéptico Glaucón remata la disertación de Sócrates con estas palabras demoledoras: «Ya lo entiendo, hablas de un Estado que solo se halla en las palabras, ya que no creo que exista en ningún lugar de la Tierra.»

Pero no hace falta ir a las visiones utópicas para mostrar que las teorías filosóficas se alimentan de ficciones. El racionalismo moderno, que tiene como una de sus preocupaciones la de explicar cómo es posible el orden social, se inventa una teoría según la cual los humanos pactan vivir juntos y en orden, bajo el dominio de un Estado, porque les sale más a cuenta si quieren seguir existiendo sin verse continuamente amenazados. Queda claro que la invención de un contrato social es una especie de metáfora, un contrato imaginario e irreal, pues también son fruto de la imaginación los conceptos que lo justifican. Spinoza es el más osado al afirmar que «todas las nociones por las cuales el vulgo suele explicar la naturaleza son solo modos de imaginar y no indican la naturaleza de cosa alguna, sino solo la contextura de la imaginación».[2] En su opinión, la libertad, el bien o el mal, la belleza o la fealdad, el orden y la confusión no son atributos de las cosas mismas, sino productos de la imaginación humana que piensa como si hubiera un orden en la naturaleza, como si hubiera cosas hermosas y feas, como si fuéramos libres.

Otros dos filósofos que no ocultan el artificio que encarna el lenguaje referido a la ordenación social son Hobbes y Locke, los dos primeros teóricos modernos del contrato recién mencionado. En el *Leviatán*, título que da nombre al Estado como un artificio o un «dios mortal», Hobbes se refiere a que «los nombres de las cosas que nos afectan [...] tienen un significado inconstante, porque no todo el mundo se ve afectado igualmente por la misma cosa, y ni siquiera el mismo hombre lo es en todo momento».[3] Es lo que pasa, continúa diciendo, con los nombres de las virtudes y los vicios, «pues un hombre llama sabiduría a lo que otro llama estupidez». Por eso no podemos convertir esas palabras en fundamento de ningún raciocinio. Son palabras «inconstantes», con significados variables e imprecisos, que dependen más de nuestros afectos y emociones que de las cosas mismas.

Lo mismo dirá Locke al referirse a las nociones abstractas de la ética, como las ideas de justicia, de paz o de

---

2   Spinoza, *Ética*, I, Apéndice.
3   Hobbes, *Leviatán*, I, IV.

libertad. Son palabras, a su juicio, que están en la boca de todos, pero que cada uno entiende a su modo porque carecen de una esencia real. No las conocemos a la manera de las percepciones simples, como la percepción del color o del sabor, que nos entran directamente por los sentidos. Son ideas que formamos desde la abstracción, con la voluntad de construir una realidad que no existe, pero que sentimos la necesidad de nombrar de algún modo. Por eso, esas palabras «pocas veces significan lo mismo para dos hombres distintos, pues pocas veces la idea de un hombre coincide con la de los otros. Y con frecuencia difiere incluso de su propia idea, de la que tuvo ayer o tendrá mañana».[4] En suma, la justicia, la paz, la libertad, la democracia, son palabras con significados siempre difusos y poco determinados.

Por no hablar de Nietzsche, para quien todo cuanto decimos es arbitrario e ilusorio. Cuando nos referimos a los árboles, a los colores, a las flores, usamos un lenguaje metafórico. Los árboles, las flores y los colores son conceptos abstractos que se proponen igualar lo desigual. Cada árbol es único, como lo es cada flor. No sabemos qué es la honestidad más que a partir de acciones individualizadas, desiguales entre ellas, que igualamos groseramente al decir que son «honestas». No conocemos una esencia de la honestidad ni de la justicia ni de la amistad. Salvo la verdad entendida como tautología, la que afirma que un individuo es igual a sí mismo, el resto de verdades son puras ilusiones. Veamos como lo dice:

---

4   Locke, *Ensayo sobre el entendimiento humano*, III, VII, 6.

Por tanto, ¿qué es la verdad? Una multitud en movimiento de metáforas, metonimias, antropomorfismos; en una palabra, un conjunto de relaciones humanas que, elevadas, traspuestas y adornadaspoética y retóricamente, tras largo uso el pueblo considera firmes, canónicas y vinculantes: las verdades son ilusiones de las que se ha olvidado que lo son, metáforas ya utilizadas que han perdido su fuerza sensible, monedas que han perdido su imagen y ahora entran en consideración como metal, no como tales monedas.[5]

Así pues, ninguna manera de vivir es «natural» ni «normal». Lo es solo en la medida en que deriva de unas convenciones que podrían ser distintas de las que son. «Todo lo que es podría ser de otra manera», es una de las frases lapidarias del *Tractatus* de Wittgenstein, que alerta de la artificialidad del lenguaje que supuestamente da nombre a lo que hay. O esta otra: «A menudo, el lenguaje se va de vacaciones», en la que alude a la costumbre, especialmente filosófica, de utilizar el lenguaje eludiendo las reglas del juego o juegos en que se inserta, gracias a las cuales posee un significado discernible.

La iniciación a la filosofía se ha apoyado siempre en una serie de afirmaciones un tanto gratuitas. Suele decirse que lo que lleva al hombre a filosofar es «el deseo de saber» y la admiración ante lo desconocido. Se empieza a filosofar cuando se abandona el mito para pasar al

---

[5] Nietzsche, "Introducción teorética sobre la verdad y la mentira en el sentido extramoral", en *El libro del filósofo*, Taurus, Madrid, 1974, p. 91.

*logos*. En lugar de explicar la realidad a partir de relatos y cuentos, llega un momento en que el pensamiento empieza a abastecerse a sí mismo para dar las explicaciones pertinentes. Aparecen así las grandes frases de la filosofía y se va construyendo el pensamiento metafísico, ese que, según Aristóteles, estudia nada menos que «el ser en tanto que ser». La filosofía hace acopio de títulos tremebundos que apuntan a una ambición ilimitada: *Dialéctica trascendental, Crítica de la razón pura, Fenomenología del espíritu, Ser y tiempo*. De esta forma se va tejiendo un discurso que, como ha visto muy bien George Steiner, se propone «esconder las "ficciones supremas" que lleva en su interior». Sin muchos mitos y cuentos, sin literatura, no tendríamos filosofía. No tendríamos la *Fenomenología del Espíritu* sin Shakespeare, Cervantes y Defoe.

He citado ya en otro capítulo el libro de George Steiner, *Nostalgia del absoluto*[6], donde desarrolla la idea de que el pensamiento filosófico nunca dejó de ser mítico. Explica cómo la metáfora del pecado original está presente en la idea de alienación de Marx o en la del malestar en la cultura, de Freud. También piensa que se esconde tras la tesis de Lévi-Strauss de la devastación del Edén por el dominio depredador de la cultura sobre la naturaleza. Son tres «mitologías», tres «construcciones visionarias», que no se hubieran producido sin los textos bíblicos que nos hablan del poder de la palabra o del sentido de la alianza con la naturaleza. Son mitologías que han pretendido sustituir a la teología. No obstante, quienes las

---

6 George Steiner, *Nostalgia del absoluto*, Ediciones Siruela, Madrid, 2011.

han urdido no son conscientes de ello: Descartes, Hegel, Freud dan por hecho que la sintaxis está relacionada con la realidad, que el lenguaje que hablamos es un reflejo del mundo.

La idea de que el pensamiento mítico ha acompañado a la filosofía desde siempre, la expone con originalidad Juan Nuño en *Los mitos filosóficos*. Aunque es un lugar común que, después de Platón, la filosofía renunció al mito, Nuño asegura y prueba que nunca logró desembarazarse de pretensiones míticas. El mismo nombre de filosofía, traducido por «amor a la sabiduría», se remonta a Pitágoras y se explica por la creencia de que solo la divinidad es propiamente sabia. La filosofía tiene que ser vista, en consecuencia, como una disciplina intermedia, que nunca llegará a la perfección. En la Edad Media, fue *ancilla theologia*. Es el mito de la servidumbre, retomado en nuestro tiempo por todas las filosofías «de» algo: del lenguaje, de la historia, de la ciencia, del arte. Parménides introdujo en su célebre Poema la idea de los límites y las fronteras del saber seguro, un mito que reaparece en Bacon, Kant, Wittgenstein y Popper. ¿Y qué mito más característico de la filosofía que el del «eterno retorno» de Nietzsche? La filosofía como un saber que retorna con constante periodicidad. La filosofía —es la tesis de Nuño- ha ido repitiendo una serie de esquemas o mitos poderosos: mitos de la salvación, mitos de la revelación, mitos de la totalidad, mitos de la frontera, mitos de la transformación[7]. Filósofos como Kierkegaard han buscado

---

7 Juan Nuño, *Los mitos filosóficos*, Fondo de Cultura Económica, México, 1985 y Reverso, Barcelona, 2006.

la salvación que no se encuentra en la ciencia, a través de la entrega a una antropología espiritualista y narcisista. Ha habido filosofías del misterio o la revelación, que se han visto a sí mismas como la posesión de un saber superior al que solo unos cuantos iniciados tienen acceso. Platón, Spinoza, Descartes, Husserl pertenecen a esa especie. Otras han cultivado el mito de la totalidad: «la verdad es la totalidad", son palabras de Hegel. Y ha habido filosofías que han puesto límites y fronteras, como Kant, que elimina al yo empírico ante la fuerza de un yo transcendental, o Wittgenstein, que concluye el *Tractatus* con la demoledora frase: «De lo que no se puede hablar, mejor callar.»

Pero concluyamos. Entender que toda la filosofía no es sino ficción, ¿a qué conduce? No es la forma habitual de entender la filosofía. El ensayo filosófico suele ser clasificado entre los libros de «no ficción». Pero, ¿por qué se la ha entendido siempre así?, ¿por qué tiene que ser no ficción la concatenación de ideas, la invención de conceptos y teorías, los intentos de explicación que nunca pueden ser verificados?, ¿no hay en tal consideración de la filosofía un deseo de equipararla a las ciencias empíricas? Aparte de lo absurdo de tal equiparación, ¿por qué no pensar que lo único que hace de la filosofía una empresa fértil, en este mundo cargado de preguntas y problemas a los que nadie presta atención, es llamar la atención sobre ellos, introduciendo dudas, perplejidades, incertidumbres?

Ejercitar la duda o ejercitar el escepticismo ha sido un empeño ancestral de la filosofía, como camino hacia una esperada verdad, para algunos, como Descartes, o para quedarse en la duda misma, como una manera más de promover el autoconocimiento y remover las conciencias, como fue el caso de Montaigne. De la filosofía hay que poder decir lo que ha dicho, por ejemplo, Juan Goytisolo de la literatura: que «es el territorio de la duda», o Gustavo Martín Garzo de un buen libro: que «siempre nos deja perplejos».

Pero que nuestra forma de referirnos a la realidad se nutra de ficciones y que nuestro subsuelo sea el de la duda porque el conocimiento es limitado, no obsta para que las ficciones se vayan constituyendo ellas mismas en ciertas «verdades» de ese mundo que nos envuelve y es pura creación humana. Porque no es el yo individual el que finge lo que hay o debe haber, sino un yo colectivo que se apoya en lo recibido y ficcionado por otros. Desde que el pensamiento empieza a secularizarse y a abandonar los prejuicios religiosos, se impone la convicción de que somos sujetos creadores de un mundo social, político y cultural, no las criaturas de ese mundo. Vamos forjando una manera de conocer, de pensar y de ser que se expresa de muchas maneras porque se alimenta de perspectivas diversas. Aun así, esa construcción social y convencional apunta a una realidad en la que el ser humano pueda sentirse como en su casa, cada vez más cómodo. Leibniz, en su *Monadología*, alude a la existencia de un número infinito de puntos de vista, pero que se armonizan conjuntamente. Distintas perspectivas son complementarias, no son engaños, aunque algunas son erróneas:

> Y así como una misma ciudad, vista por diferentes partes, parece otra y resulta como multiplicada en perspectiva, así

también sucede que, por la multitud infinita de substancias simples, hay como otros tantos universos diferentes, los cuales no son, sin embargo, sino perspectivas de uno solo, según los diferentes puntos de vista de cada mónada.[8]

Reconocer el carácter ficticio de nuestras representaciones, y del discurso que las sustenta, pone de manifiesto la tensión del conocimiento humano entre lo que se supone que constituye la realidad y una verdad o una legitimidad aún inalcanzadas. Esa verdad también es construcción humana —¿qué otra cosa puede ser?—, pero cuenta a su favor con un cierto reconocimiento universal. Ante la tensión tenemos dos posibilidades: instalarnos en el escepticismo posmoderno, o seguir luchando en la línea inaugurada por la Ilustración, o por las varias Ilustraciones por las que ha pasado el pensamiento filosófico, como el único camino hacia la emancipación y el encuentro con esas verdades aun torpemente formuladas. El progreso en filosofía es un progreso hacia la universalidad, no la instalación en un mundo de relatividades. Que ese progreso se haya nutrido de mitos y de ficciones carece de importancia siempre que no queramos interpretarlos como lo que no pueden ser: prejuicios dogmáticos. Que el camino hacia la verdad, o hacia la legitimidad de nuestras valoraciones, sea arduo y sufra retrocesos, tampoco debería ser motivo de parálisis. Tomemos nota de lo que Kant escribe en uno de sus últimos escritos, la *Antropología*:

---

[8] Leibniz, *Monadología*, párr. 57, Pentalfa Ediciones, Oviedo, 1981.

Los hombres son, por lo general, mientras más civilizados más farsantes. El hombre toma la apariencia de la eticidad, pero en el fondo nos engaña con esa apariencia. De todas formas, dejemos que desempeñe ese papel, porque, en el fondo, al tener que decir que hay que ser buenos y justos, están aceptando algo que, aunque ellos no lo hagan, está muy bien tener que decir, porque el lenguaje despierta.[9]

Dicho lenguaje, poblado de abstracciones, con significados inciertos y variables, sin embargo nos ha dejado algunas verdades en ausencia de las cuales el mundo sería menos civilizado de lo que es: hay unos derechos fundamentales, los hombres y las mujeres, los asiáticos y los africanos tienen la misma dignidad, la expresión libre no puede ser considerada un delito. Renunciar a tales ideas es renunciar al ideal de emancipación. Voltaire supo expresarlo con fina ironía al decir que hay una base común que nos constituye como seres humanos y que deberíamos saber cultivar, aunque no sepamos a ciencia cierta cuál es la mejor manera de hacerlo:

> Cuando la naturaleza creó nuestra especie, la dotó de ciertos instintos: el amor propio para nuestra conservación, la benevolencia para la la conservación de los otros, el amor que es común a todas las especies y el inexplicable don de combinar más ideas que los restantes animales. Después de asignarnos nuestra cuota, dijo «ahora, haced lo que podáis».[10]

---

9 Citado en Emilio Lledó y Manuel Cruz, *Pensar es conversar,* RBA, Barcelona, 2015, p. 99.

10 Citado por Anthony Pagden, *The Enlightenment: And Why It Still Matters*, Random House, Nueva York, 2013, e-book, loc. 2222.

## 10

## EL DECLIVE DEL ENSAYO

Los libros de ensayo se clasifican como literatura de «no ficción», un cajón de sastre en el que cabe todo lo que se escribe en prosa y no tiene la trama de una novela ni es poesía. Basta leer la lista de libros más vendidos de no ficción de cualquier periódico para darse cuenta de la pérdida absoluta de criterio sobre lo que significa escribir "ensayísticamente", como quiso hacer Montaigne, el inventor del vocablo. Los libros de autoayuda, o los libros de cocina, hoy entre los más vendidos entre los de no ficción, se encuentran en las antípodas de lo que debiera considerarse un ensayo, lo más lejano a la voluntad de aleccionar, de presuponer que no hay problema sin solución y que la solución se encuentra en una receta.

Nunca ha sido fácil determinar, no digo ya definir, qué es un ensayo. «La teoría sin la prueba explícita», propuso Ortega. «No hay ensayos sino ensayistas», escribió Juan Marichal. «El centauro de los géneros», llamó al ensayo Alfonso Reyes, porque en un ensayo «hay de todo y cabe todo», es «el hijo caprichoso de una cultura que no puede ya responder al orbe circular y cerrado de los antiguos, sino a la curva abierta, al proceso en marcha, al etcétera». La imagen del centauro expresa bien la naturaleza compuesta del género, un territorio mudable donde se concilian ciencia y arte, la razón y la emoción, el arco abierto a la novedad, presto a congregar el rigor de los conceptos con el vuelo de las intuiciones.

Podamos o no definirlo con rigor, lo que caracteriza y hace atractivo al ensayo es el carácter subjetivo del discurso, que el centro de atención y el lugar de donde fluye el pensamiento que se expresa en el ensayo sea el yo. No un yo absoluto o trascendental, como el kantiano, sino el yo de cada uno, el yo empírico. *Je suis moi même la matière de mon livre*, proclama Montaigne. Más allá de que el texto ensayístico tenga una forma fragmentaria, breve, que esté ausente la erudición, que rehúya la estratificación escolástica del saber, que no pretenda ser exhaustivo, lo que hace del ensayo una manera atractiva y cercana de hacer filosofía es que el autor, al hablar de lo que quiere hablar, se retrata a sí mismo.

Y en ese retrato no se oculta la sensación de que es más lo que se ignora que lo que se sabe: *Que sais-je?* Montaigne habla de cualquier cosa, sin atender demasiado al orden, desdeña el sistema, usa su experiencia para hacerse preguntas sobre sí mismo y sobre las cuestiones que preocupan a sus contemporáneos. Raramente ofrece una explicación, no pretende enseñar nada. Los *Ensayos* no defienden grandes tesis ni se detienen en muchas argumentaciones. Se detiene en el relato de las costumbres más lejanas y variopintas, pero no para extraer lecciones. A Montaigne no le interesan los dilemas morales, sino la vida real de la gente. Y seguir la corriente de la conciencia que no siempre tiene asideros a los que agarrarse: «Si mi alma pudiera conseguir al fin un asidero firme, no escribiría más ensayos, sino que tomaría decisiones, pero siempre está sometida a aprendizaje y prueba.»[1] Lo ha resumido bien Sarah Bakewell: la cuestión fundamental de los *Ensayos* es ¿cómo vivir?, que «no es lo mismo que la cuestión ética: ¿cómo debería uno vivir?»[2]

Esa visión del ensayo lo convierte en el género más adecuado para ejercitar la duda y el escepticismo que, como vengo diciendo, es la tarea del filósofo. Un ejercicio de difícil contagio porque lo que queremos es sentirnos a salvo de incertidumbres e inseguridades. Cualquier intento de aplacar las dudas y perplejidades de la condición humana es hoy más bienvenido que el ejercicio de la duda. Así, pese a que la religión se desvanece como instrumento de salvación, no dejan de proliferar sucedáneos y formas alternativas de prácticas religiosas. Es difícil elaborar discursos auténticamente laicos, que obliguen al individuo a encontrar por sí solo el hilo que le saque del laberinto de sus dudas. Es difícil cuando las dudas ni siquiera se plantean.

Montaigne no rehuía las contradicciones internas. Como no lo hizo su contemporáneo Shakespeare, aunque éste, en lugar de guardarlas en su interior, las proyectaba en los personajes que ponía en conflicto en la escena.[3] Montaigne bebe de los escépticos griegos y latinos, que hicieron de la filosofía una especie de terapia destinada a

---

[1] Montaigne, *Ensayos*, III, II.
[2] Sarah Bakewell, *op. cit.*
[3] Sarah Bakewell, *op. cit.*, p. 341.

relativizarlo todo. En la vida de cada uno —decían— hay hechos evitables y hechos inevitables. De los segundos, los mejores ejemplos son las enfermedades, el envejecimiento y la muerte. Son inevitables, por lo que no queda otro remedio que aceptarlos con una cierta resignación y buen ánimo. Cultivar el sentido del humor, pues muy pocas cosas en la vida merecen ser tomadas en serio. Practicar la enseñanza del maestro Pirrón: la *epojé*, la abstención de la necesidad de querer tener una respuesta y un sentido para cada cosa. Si lo inevitable carece de respuestas convincentes, lo evitable, en cambio, debiera obligar al individuo a encontrar las maneras de no caer en preocupaciones estériles. ¿Lo fundamental es acumular riqueza y honores? ¿La felicidad se encuentra en los bienes materiales? ¿No hay salida para los desengaños del amor? ¿Compensan de algo los arrebatos de ira? ¿Cuántas verdades no admiten discusión? Estoicos y epicúreos predicaron la ataraxia, una especie de insensibilidad hacia lo que no merece excesivas preocupaciones.

No se trata de enredarse en dudas interminables, sino de relajarse y divertirse un poco adoptando posiciones impopulares. Una filosofía de la vida sin pretensiones porque no somos tan sabios para tenerlas. Así lo dice Montaigne: «Aunque todo lo que nos ha llegado registrado desde el pasado fuese verdadero y conocido por alguien, sería menos que nada comparado con lo que nos es desconocido.» La filosofía, el conocimiento, proceden de personas que se equivocan. La sabiduría consiste en dudar de lo que uno cree que sabe. Descartes, que deriva de Montaigne, erige la duda en método filosófico. Pero, a diferencia de su antecesor, desea intensamente la certeza y confía en encontrarla. Montaigne, por el contrario, vive a gusto en la incertidumbre. No elude la imperfección, sino que la celebra, porque todos somos humanos, no hay nadie por encima de la humanidad. «No tiene sentido —escribe al final de los *Ensayos*— que nos subamos en unos zancos, porque aunque llevemos zancos tenemos que andar con nuestras propias piernas. Y hasta en el trono más elevado del mundo nos tenemos que sentar sobre nuestro propio culo.»[4]

La forma ensayística, por otra parte, permite con mucha más facilidad que el tratado filosófico dar rienda suelta a la libertad de espíritu, soltar las amarras y las constricciones que imponen la administración o la academia. Theodor Adorno, en el artículo titulado "El ensayo como forma", discurre acerca de ese ahorro de la prescripción y los límites que se encuentra en el ensayo. Libre de los imperativos de la producción científica y de la creación artística, el ensayo «refleja el ocio de lo infantil, que se inflama sin escrúpulos en lo que otros ya han hecho [...] No empieza por Adán y Eva, sino por aquello de que quiere hablar; dice lo que a su propósito se le ocurre, termina cuando él mismo se siente llegado al final, y no donde no queda ya rastro alguno: así se sitúa entre las "di-versiones".»[5] Esa libertad hace del ensayo «la forma crítica por excelencia», y «una provocación al ideal de la *clara et distincta perceptio* y de la certeza libre de duda». Tanto el racionalismo como el empirismo filosóficos se

---

4   *Ibid.*, III, 13.
5   Theodor W. Adorno, "El ensayo como forma", en *Notas de literatura*, Ariel, Barcelona, 1962, p. 12.

apoyan en el «método», el procedimiento que sostiene los discursos que pretenden ser rigurosos y objetivos. Pues bien, el ensayo cuestiona el método como el pilar en el que debe fundamentarse cualquier teoría. El ensayo carece de método, es discontinuo, como lo es la realidad:

> La duda sobre el derecho absoluto del método no se ha realizado casi, en el modo de proceder del pensamiento, sino en el ensayo. El ensayo tiene en cuenta la conciencia de «no identidad», aun sin expresarla siquiera; es radical en el «no radicalismo», en la abstención de reducirlo todo a un principio, en la acentuación de lo parcial frente a lo total, en su carácter fragmentario.[6]

Por todo ello, hay que decir también —sigue Adorno— que «la más íntima ley formal del ensayo es la herejía», la contraposición a la ortodoxia.

Es la forma ensayística la que propicia asimismo que el ensayo tenga, en muchas ocasiones, carácter dialogal. No debe extrañar, por lo mismo, que fuera a través del diálogo como se expresó Platón. Lukács lo señala al asociar el diálogo y el ensayo y, por lo mismo, considera a Platón «uno de los más grandes ensayistas» que utiliza esa forma literaria para hablar de su maestro, Sócrates, que tuvo una «vida ensayística».[7] En los diálogos platónicos

---

6 *Ibid.*, p. 19.

7 G. Lukács, "Sobre la esencia y forma del ensayo" en *El alma y las formas*, Barcelona, Grijalbo, 1975. Cf. Ana Vian Herrero, "La más íntima ley formal del ensayo es la herejía". Sobre su condición dialógica, en *Compás de Letras. El ensayo*, n° 5, diciembre 1994, pp. 45-66.

nadie detenta la verdad absoluta (aunque también hay que decir que quien sale triunfante siempre es Sócrates), ninguna discusión alcanza un punto final, todas las opiniones quedan emplazadas para ulteriores diálogos. No se ocultan las parcialidades de los distintos puntos de vista, porque todos son opinables.

El ámbito de la *doxa*, de la opinión, es el propio del discurso filosófico, sea éste político, ético, estético, incluso epistemológico. Javier Echevarría ha explicado que «los tres libros del mundo» son: la Biblia, para los teólogos; la naturaleza, para los empiristas; el alma propia, para los racionalistas. Desde la modernidad y la instauración de un pensamiento que se propone ser, por encima de todo, racional, ya no se investiga la naturaleza ni el alma, sino la facultad de conocer, la filosofía es básicamente teoría del conocimiento. Aun así, los filósofos escriben ensayos desde la voluntad de ocio y placer, como lo pone de manifiesto, por ejemplo, el prólogo del *Ensayo sobre el entendimiento humano*, de Locke:

> Lector. Pongo en tus manos lo que ha sido entretenimiento de algunas de mis horas ociosas y libres. Si tiene la fortuna de entretener otras tuyas, y si al leerlo obtienes tan solo la mitad del placer que yo al escribirlo, darás por bien gastado tu dinero como yo mis desvelos.[8]

El ensayo filosófico —dice Javier Echevarría— requiere una actitud: el librepensamiento. Es lo que anima a los ilustrados del siglo XVIII, que expresan sus pensamientos

---

8    John Locke, *Ensayo sobre el entendimiento humano*, Prólogo.

exhortando a quienes los leen a pensar por sí mismos. «El ensayo es una invitación al lector a encontrarse consigo mismo», reflexionando sobre el entendimiento humano, como es el caso de Locke, o sobre cualquier otro tema o cuestión por liviano que parezca.⁹

Aunque el ensayo puede tener una función puramente meditativa, que lo acerca a la poesía en la medida en que se deja llevar por la escritura misma más que por unos temas concretos, también hay un ensayo que busca persuadir, es, efectivamente, la «teoría sin prueba», pero teoría al fin y al cabo, un punto de vista sobre la realidad. Puede decirse que trata de persuadir en la medida en que invita a pensar por cuenta propia, a juzgar por uno mismo. Pero incitar a pensar no equivale a persuadir sobre una tesis que uno espera ver compartida. Al contrario, al moverse en el terreno de la opinión y dejar claro que es así, lo único que esperamos es que se remuevan las conciencias rígidas y los pensamientos esclerotizados. Escribe Cynthia Ozick que «un ensayo genuino no tiene un uso educativo, polémico o sociopolítico; es el movimiento de una mente libre en escena».¹⁰ Es «un experimento», no un credo que se aspire a compartir con el lector. Pero que no sea doctrinario no significa que el ensayo no tenga poder para provocar asentimiento. Phillip Lopate equipara el ensayo al sermón entendido como una pregunta que se hace el creyente sobre su fe. El predicador toma un texto

---

9  Javier Echevarría, "Los ensayadores científicos y los cuatro libros del siglo XVII", en Compás de Letras, *op. cit.*, pp. 163-174.

10  Cynthia Ozick, "She: Portrait of the Essay as a Warm Body", en *Quarrel & Quandary,* Vintage Books, Nueva York, 2001.

bíblico, lo interpreta y lo explica, intenta comprenderlo desde su vivencia de creyente. Laurence Sterne podría ser un buen ejemplo: era sacerdote y se ganaba la vida haciendo sermones.[11]

No obstante, y pese a todas las virtualidades que el «ensayar» ofrezca a una forma de pensar idónea para nuestro tiempo, un género que carece de la ambición de sistema del tratado filosófico y que cuida algo más la voluntad de estilo, hablamos de un género mal aceptado por la filosofía más canónica. Lo vivió en persona nuestro ensayista y filósofo por antonomasia, Ortega y Gasset, ante cuya obra siempre surgió el interrogante de si era realmente un filósofo. ¿Qué había que valorar en Ortega?, ¿las ideas filosóficas o la calidad de su prosa?, ¿era más un catedrático de metafísica o un periodista ilustrado con intención pedagógica? El estilo suelto de Ortega era desdeñado por frívolo y falto de rigor. Solo era elogiado por escritores como Josep Pla, que veía en él *un violoncel de bona fusta, molt ben ajustat, explícitament ben tocat*.[12] No, Ortega era, por encima de todo, un ensayista, no un metafísico, ni un ontólogo, ni un epistemólogo.

Sin embargo, Ortega supo escribir mejor que muchos otros, «desde la filosofía», y desde su circunstancia, desde la convicción feliz: «Yo soy yo y mi circunstancia y si no la salvo a ella no me salvo yo.» Con la célebre afirmación estaba diciendo que las verdades filosóficas deben

---

11 Entrevista a Phillip Lopate, *Letras Libres*, n. 164, edición España, mayo de 2015, pp. 20-25.

12 «Un violoncelo de buena madera, muy bien ajustado, explícitamente bien tocado.»

ser vistas desde la circunstancia en que se encuentra y desde la que piensa cada uno. El conocido perspectivismo orteguiano es la antítesis de la filosofía trascendental, que parte, como se encargó de explicitar Kant, del *nobis ipsis silemus* prescrito por Bacon de Verulam. En lugar de «callar sobre nosotros mismos», lo que debe hacerse es subrayar las circunstancias, porque no es igual tratar una cuestión desde Madrid que hacerlo desde Boston.[13]

En la posmodernidad, que Ortega no vislumbró, el ensayo es más aceptable. Montaigne es reconsiderado y revalorado como filósofo, porque la filosofía misma tiene límites más imprecisos. Basta ser capaz de hacer un diagnóstico de la realidad con un concepto que resulte afortunado —*pensiero debole*, sociedad líquida, sociedad del riesgo— para recibir el beneplácito como pensador ilustre de nuestro tiempo.

Por otra parte, puesto que el género ensayístico es la forma más adecuada para expresar la perplejidad de quien escribe, de ejercitar la duda y ofrecer visiones más bien pesimistas sobre el presente y el futuro, estamos ante un género que no encaja en una época amante de una literatura ágil y ligera, que entretenga y no obligue a pensar demasiado. Una época pragmática que busca recetas, bien sean de cocina —la cultura más exitosa— o de las proporcionadas por los libros de autoayuda. Las editoriales no dudan en propiciar colecciones «filosóficas» fáciles de vender, un producto sencillo y claro que dé pistas

---

[13] Alejandro Rossi, "Lenguaje y filosofía en Ortega", en Alejandro Rossi, Fernando Salmerón, Luis Villoro, Ramon Xirau, *José Ortega y Gasset*, Fondo de Cultura Económica, México, 1984.

para abordar problemas acuciantes: «Cómo enfrentarse a la adversidad», «Cómo estar solo», «Cómo preocuparse menos por el dinero».

Algo tendrá que ver también en el declive del ensayo el predominio de la imagen y el sonido sobre la palabra. Steiner se refiere a lo ocurrido con la cultura en el último siglo como consecuencia de la «retirada de la palabra», por la subordinación de ésta a la imagen, a la música, a un mundo donde no se concibe estudiar (si podemos seguir usando el mismo vocablo) sino en medio de un campo de estridencias y ruidos. Lo ha explicado muy bien Mario Vargas Llosa, en su *La civilización del espectáculo*, y lo dijo asimismo Giovanni Sartori en su imprescindible *Homo videns*. El denominador cultural se compone hoy de películas, videojuegos, tabletas, conciertos de rock... No hay lugar para una cultura que no sea pensada para ser consumida y desaparecer.

Así es difícil proponerse lo que debería ser la tarea cultural por antonomasia, la de construir un individualismo auténtico, resistente a los estragos y las influencias de la publicidad, la propaganda política, las modas. Un individuo independiente capaz de *sapere aude*, atreverse a pensar por sí mismo.

¿Qué es la felicidad? ¿Cómo se logra? ¿Qué la hace duradera? ¿Debemos reducirla a la vivencia de algunos momentos de satisfacción?

Preguntarse por la naturaleza de la felicidad equivale a cuestionar el sentido y el fin de la existencia. La felicidad es una búsqueda a lo largo de la vida de cada persona; la infelicidad, en cambio, es el abandono del deseo de seguir viviendo. Más que una meta, la felicidad es un estado de ánimo, el anhelo de una vida plena. *La búsqueda de la felicidad* no contiene recetas para lograr la plenitud, pero sí abundantes razones para no sucumbir al desánimo de una existencia que es paradójica, contingente y limitada, pero también rica y esperanzada.